Karl Bernhard Francke

Die Psychologie und Erkenntnislehre des Arnobius

1. Band

Karl Bernhard Francke

Die Psychologie und Erkenntnislehre des Arnobius
1. Band

ISBN/EAN: 9783743669826

Hergestellt in Europa, USA, Kanada, Australien, Japan

Cover: Foto ©ninafisch / pixelio.de

Weitere Bücher finden Sie auf **www.hansebooks.com**

AUTHOR:
FRANCKE, KARL B.

TITLE:
PSYCHOLOGIE UND ERKENNTNISLEHRE...
PLACE:
LEIPZIG
DATE:
1878

**COLUMBIA UNIVERSITY LIBRARIES
PRESERVATION DEPARTMENT**

BIBLIOGRAPHIC MICROFORM TARGET

Original Material as Filmed - Existing Bibliographic Record

87Ar6
DZ6

Francke, Karl Bernhard, 1852-
 Die psychologie und erkenntnislehre des Arnobius, ein beitrag zur geschichte der patristischen philosophie; inaugural-dissertation... eingereicht von Karl Bernhard Francke... Leipzig, Drückner, 1878.
 82 p. 26½ cm.

Thesis, Leipzig.

Restrictions on Use:

TECHNICAL MICROFORM DATA

FILM SIZE:_____ REDUCTION RATIO:____11 X____
IMAGE PLACEMENT: IA (IIA) IB IIB
DATE FILMED:___3-26-92_____ INITIALS__
FILMED BY: RESEARCH PUBLICATIONS, INC. WOODBRIDGE, CT

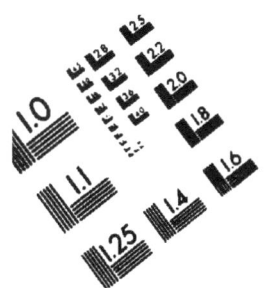

Association for Information and Image Management
1100 Wayne Avenue, Suite 1100
Silver Spring, Maryland 20910
301/587-8202

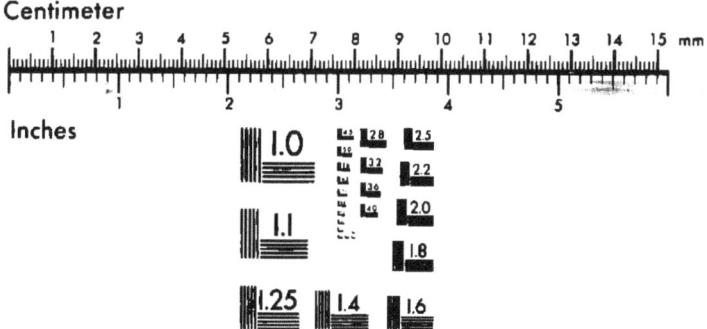

MANUFACTURED TO AIIM STANDARDS
BY APPLIED IMAGE, INC.

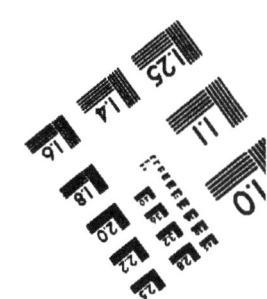

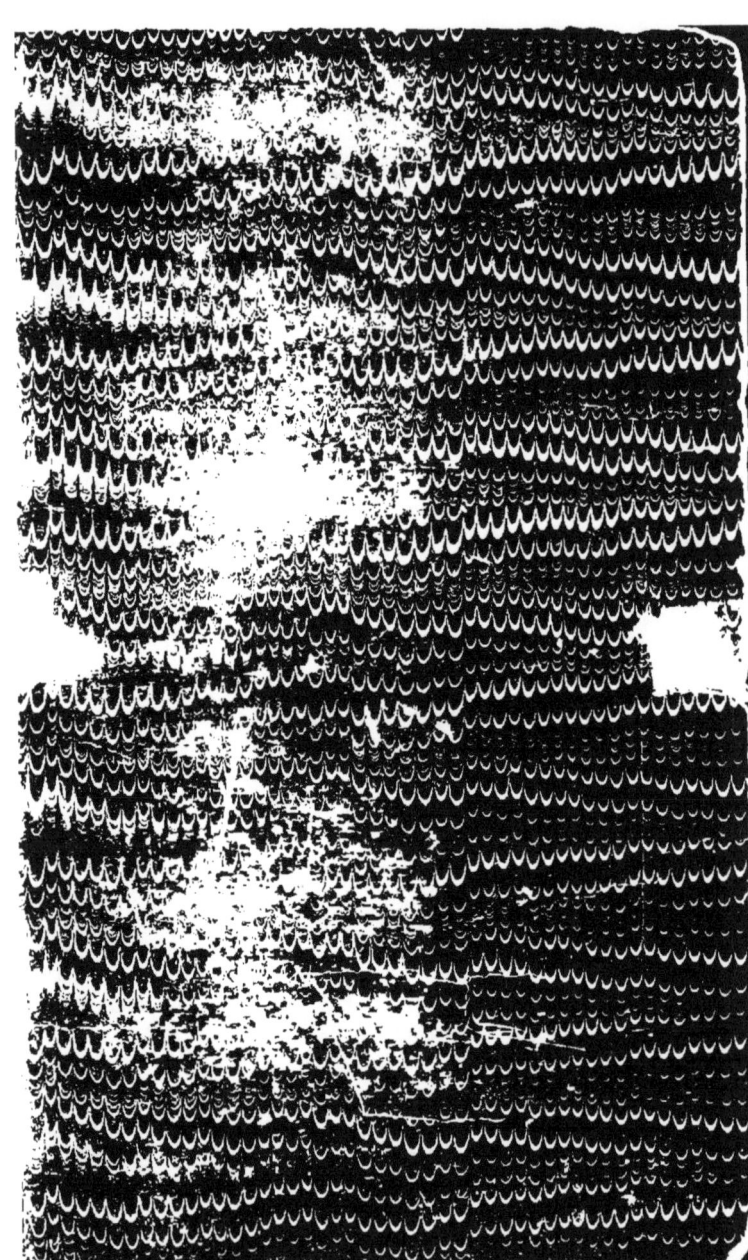

Die

Psychologie und Erkenntnisslehre des Arnobius.

Ein Beitrag
zur Geschichte der patristischen Philosophie.

Inaugural-Dissertation.

Zur Erlangung der philosophischen Doctorwürde bei der philosophischen Facultät der Universität Leipzig

eingereicht

von

Karl Bernhard Francke,
Mitglied des Predigercollegiums zu St. Pauli.

Leipzig.
Druck von Brückner & Niemann.
1878.

Die Psychologie und Erkenntnisslehre des Arnobius.

Seit mehreren Jahren erfreut sich das Studium des A. eines ziemlich lebhaften Aufschwungs: Man hat sich angeschickt, ihn nicht bloss im engeren Sinne literarhistorisch (Ebert)[1] zu bearbeiten, sondern auch seinen Text erneuten Recensionen (Zink[2], Reifferscheid)[3] zu unterwerfen und jüngsten Datums die Quellen aufzudecken, aus denen er erwiesenermassen oder doch höchster Wahrscheinlichkeit nach sein mythologisches Material theils direkt, theils indirekt, entlehnt hat (Kettner)[4]. — Dieser Aufschwung ist gewiss dankenswerth; wir begrüssen ihn mit gerechter Freude und Anerkennung. Dessenungeachtet verhehlen wir uns nicht, dass die Akten über A. mit den erwähnten Leistungen keineswegs geschlossen sind. Schon in rein philologischer Beziehung ist dies nicht der Fall: Es bedarf für Sachkenner kaum einer Erinnerung an das Heer dunkler, unaufgehellter Ausdrücke und Stellen, die noch immer kritischer Analyse harren, um die Blicke mit Einem Male auf ein weites Feld ungelöster Fragen und ungehobener Schwierigkeiten hinzu-

---

[1] Geschichte der christ.-lat. Literatur (Leipzig 1874). —
[2] Zur Kritik und Erklärung des A. Gymn.-Progr. (Bamberg 1873). —
[3] Arnobii adversus Nationes Libri VII. Ex Recensione A. Reifferscheidii im Corpus Scriptorum Ecclesiasticorum Latinorum Vol. IV. Vindobonae MDCCCLXXV. —
[4] Cornelius Labeo. Ein Beitrag zur Quellenkritik des A. (Naumburg, 1877).

Francke, Arnobius.

lenken. Allein der Punkt, wo die Spuren der Forscherarbeit noch am empfindlichsten zu vermissen sind, liegt unseres Erachtens anderswo: Es ist eine, wie uns dünkt, hochwichtige Seite an A. bis heute noch nicht speciell untersucht, eingehend gewürdigt, in das ihr gebührende Licht gerückt: Wir meinen seine specifisch spekulative und philosophische Bedeutung, seine Bedeutung für die vornicänische Periode der patristischen Philosophie, der er zeitgeschichtlich angehört, und damit zugleich für die Philosophie überhaupt.

Sie knüpft sich an eine Reihe in seiner „Adversus Nationes" betitelten Schrift vorkommender psychologischer und erkenntnisstheoretischer Erörterungen. Es befremdet uns nicht, dass sich diese Erörterungen, weder äusserlich noch innerlich betrachtet, in der fixirten Gestalt und soliden Struktur eines geschlossenen, abgerundeten, Ganzen darbieten: Treten sie uns doch selbst da, wo sie verhältnissmässig am meisten im Zusammenhange entwickelt und durchgeführt sind, nur entgegen, mitten in den Rahmen apologetischer und polemischer Beweisführungen eingeflochten: dass sie aber einerseits sogar in verschiedenen Büchern der genannten Schrift und zwar nur glied- und bruchstückweise vorliegen, andrerseits in der Einzelentwicklung nicht scharf genug geschieden, sondern vielfach unklar durcheinander geworfen sind, können wir nicht umhin, als einen entschiedenen Mangel zu bezeichnen.

Es erscheint uns aus diesen Gründen der Versuch einer ebenso einheitlichen, als strenggesichteten, Darstellung der Psychologie und Erkenntnisslehre des A. im Interesse der Wissenschaft angezeigt. Diesem Interesse aber in Form eines Beitrags zur Geschichte der patristischen Philosophie zu begegnen, ist Zweck und Problem nachfolgender Abhandlung. Wir ziehen zunächst die Grundlinien der arnobianischen Psychologie.

Erster Hauptabschnitt.
Die Psychologie des Arnobius.

Die Fragen, welche den Gang der psychologischen Untersuchungen des A. beherrschen und seine Direction entscheidend bestimmen, lassen sich zwanglos auf die drei Hauptfragen nach Ursprung (Präexistenz), Wesen und Unsterblichkeit (Postexistenz) der Seele zurückführen. —

Bevor wir jedoch an die Lösung der im Vorstehenden präcisirten Fragen heranschreiten, schicken wir wenige Bemerkungen von mehr sprachlicher Art voraus, weil wir sie in gewissem Sinne für die unerlässliche Grundlage halten, auf der wir operiren; wir thun es zugleich in der Absicht, von vornherein das Band aufzudecken, welches, auch nach der Auffassung unseres Autors, Psychologie und Erkenntnisslehre zusammenschliesst.

Die Ausdrücke, mit denen A. die Seele nach ihren verschiedenen Beziehungen, Kräften und Thätigkeiten bezeichnet, sind im Wesentlichen vier: Animus, animo, mens, ratio.

Theilt A. einerseits mit sämmtlichen Patristikern die stilistische Eigenthümlichkeit, dass er im Gegensatze zur klassischen Latinität animus weitaus seltener[1]) anwendet, als animo, so weicht er andrerseits von der herkömm-

---
[1]) Es findet sich z. B. I, 5. 11, 7. 13 19. 51. 60. 68. 69. 111, 19. VII, 5.

lichen Unterscheidung, dass die Seele mit animus überwiegend nach der intellektuellen, mit anima nach der physisch-psychischen, wie sittlich-religiösen Seite ihrer Lebensbethätigung und Lebensbestimmung charakterisirt ist, insofern ab, als er beide Bezeichnungen *promiscue* gebraucht: Zwar ist zu konstatiren, dass nicht bloss animus stellenweise auch als Sitz und Träger der Erkenntniss¹) erscheint, sondern auch, so oft sich die Bezugnahme auf die unter den Gesichtspunkt des Seelenheils gestellte Fortdauer nach dem Tode wiederholt, ausschliesslich die feminine²) Form zur Anwendung kommt. Allein ungleich häufiger figurirt *animus* als Kraft und Organ der Erkenntniss³), *animus* dagegen innerhalb eines Zusammenhanges, auf Grund dessen man nach Massgabe der eben berührten Unterscheidung unbedingt *animae* erwartet, nämlich an Stellen, wo von Affekten (I, 64. VII, 5), von der unwandelnden Kraft der Bekehrung (II, 5) und sittlicher Tüchtigkeit (III, 19), endlich von Unsterblichkeit (II, 7) die Rede ist.

Ein ganz ähnliches Schwanken, wie in dem Gebrauche von *animus* und *anima*, zeigt sich in dem von *mens*: Hat es hier unleugbar den Sinn von „Verstand" (I, 38. II, 13. M. 60), so kommt es anderwärts, allerdings in pluralischer Form, in der Bedeutung von „Muth" vor (II, 5) oder es erscheint als Objekt der sittlich erneuernden Gnadenwirkungen Gottes (II, 65).

Was endlich *ratio* betrifft, so gebraucht es A. in einem allgemeineren und einem specielleren Sinne. Im ersteren Falle schreibt er der Seele eine auch dem Thiere, theilweise sogar in höherem Maasse, also dem Menschen, eignende (II, 17), überwiegend auf das Praktische gerichtete Verständigkeit und Klugheit zu; im zweiten Falle da-

¹) II, 13. 19. 51. 59. 65. ²) Z. B. I, 65. II, 13. 33. 61. 78. — ³) II, 18. 19. 22. 24. 25. 26. 37. u.

gegen legt er ihr den Faktor bei, der nach seiner Ueberzeugung den Menschen zum Menschen macht (I, 6), die Vernunft in einer engeren Bedeutung des Worts. Es begrenzt dieselbe näher nach einem dreifachen Gesichtspunkte: Nach einem logischen: Sie erscheint ihm als Trägerin des specifisch begreifenden (II, 61) und wissenden (II, 25)¹), wie des gemeinen, nüchternen Menschenverstandes und eines mit diesem gepaarten, die Wahrheit fremder Behauptungen unträglich bezeugenden, inneren Urtheils (judicium interius)²); nach einem ethischen: Sie gilt ihm als Organ einer gesunden, das Richtige treffenden und wählenden, praktischen Einsicht³); nach einem psychologischen: Sie stellt sich ihm dar als Sitz eines ihr eingepflanzten Verlangens nach Unsterblichkeit (II, 62).

Nach diesen mehr oder minder formalen und an der Peripherie unserer Aufgabe sich haltenden Bemerkungen treten wir in die eigentliche Darstellung der psychologischen Anschauungen unseres Autors ein, indem wir zunächst sein Urtheil über den Ursprung resp. die Präexistenz der Seele zu vermitteln suchen.

Erstes Capitel.
Der Ursprung und die Präexistenz der Seele.

§ 1.
Der Ursprung der Seele.

Bei der Entwicklung des Ursprungs der Seele geht A. überwiegend negativ zu Werke, während seine posi-

¹) In dieser Bedeutung wechselt ratio gelegentlich mit cor (II, 6 12. 60.). —
²) VII, 30. cf. VI, 19. VII, 19 G.
³) Si cum ratione et consilio viverent (II, 18).

tiven Bestimmungen ziemlich kurz gehalten sind. Wir wenden uns zunächst der negativen Seite seiner Auseinandersetzungen zu.

I.

1. Wenn Kretner[1]) von der Schrift des A. den Eindruck einer leidenschaftlichen Streitschrift empfangen zu haben bezeugt, so bestätigt sich die Wahrheit dieses Zeugnisses nicht zum Mindesten in der Art, wie A. vor Allem die Behauptung eines göttlichen Ursprungs der Seele zurückweist: Er wirft die ganze Wucht seiner Rhetorik in die Waagschaale, um zu erhärten[2]), dass die Seele nicht von Gott erzeugt oder auf irgend eine andere Weise von ihm hervorgebracht sei: Nur bis zu einem unglaublichen Maasse gesteigerte, menschliche Hoffahrt und Vermessenheit[3]) schwinge sich zu dieser verwegenen und abenteuerlichen Hypothese auf und wage es damit zugleich die Seele in die Reihe der ersten (II, 19), dem höchsten Herrn[4]) an Grad der Dignität zunächststehenden (II, 15), benachbarten (II, 26), verwandten (II, 62) oder gar substantiell gleichen (II, 19 cf. 31) Naturen zu zählen, dadurch aber nicht blos über Sonne und Sterne, sondern über den gesammten Kosmos nach Würde und Bedeutung (dignitate et substantia) hoch hinaus zu heben (II, 19)[5])

---
[1]) A. a. O. p 3 f.
[2]) Die Seele ist nicht a genitore illo ac patre prolata (II, 15) oder generata (II, 36), genita (II, 37), sondern Gott parens (II, 47), sie sita regis maxhui (II, 36), del progenies (II, 68), dominicae prolis et potestatis (II, 37) u. darum patrleiae claritatis(II, x9) sei. —
[3]) II. 16. II, 6d 6.
[4]) D. i. Gott als Vater, Lenker und Herr aller Dinge (II, 74 cf. II. 16. 19. 26.).
[5]) Anlehnung an die Auffassung, dass die Gestirne lebendige, vernünftige, göttliche (so die Stoa cf. Zeller, Phil. d Griechen III, 1, 175 u. später Augustin cf. Ritter, christl. Philos. p. 422) Wesen und die edelsten unter allen Creaturen, der Mensch aber an Werth mit ihnen nicht einmal zu vergleichen sei (so Plato cf. Zell. II, 1, 525).

---

oder ihr doch wenigstens nächst Gott, Dämonen und Genien den vierten Platz einzuräumen (II, 26).

Indem A. so gegen den, wenigstens den höheren Faktor der Seele, direkt von Gott ableitenden Platonismus, wie gegen den ihre wesentliche Gottverwandtschaft betonenden Stoicismus[1]) zu Felde zieht, geht er von einer Voraussetzung aus, welche erst seine Aufstellungen über das später von uns zu zeichnende Wesen der Seele eingehender begründen und rechtfertigen werden, von der Voraussetzung, dass die Seele Jedem, der ihren Werth gründlicher prüfe, nach Seiten der reinen[2]), wie nach Seiten der angewandten Erkenntniss und besonders der sittlichen Praxis[3]), als ein Objekt erscheine, von dem kaum tief genug gedacht werden könne (II, 52 cf. 46)[4]).

Die Annahme aber, dass sie von Gott herstamme, setzt sich, näher betrachtet, in direkten Widerspruch zur metaphysischen, wie zur sittlichen Seite des göttlichen Wesens.

a. Die Erzeugung oder sonstige Hervorbringung eines so werth- und bedeutungslosen Objektes, wie es die Seele ist, ist zunächst mit der Majestät und Eminenz Gottes schlechthin unvereinbar: Sie würde für ihn entwürdigend, weil der Ruin seiner Hoheit (II, 52. cf. 46), sein; und wenn Plato ebendeshalb die Bildung des Menschen (wenigstens, wie wir hinzufügen müssen, die seiner niederen Seelentheile und seines Körpers) vom höchsten Gott fernhalten und gewissen Untergöttern (ad minores nascio quos) übertragen zu müssen geglaubt hat[5]), so ist diese

---
[1]) Cf. z. B. M Aurel. II, 4. V, 27; μάρος, ἀπόῤῥοια, ἀποσπασμάτνόν —
[2]) II, 80.
[3]) II, 48 cf. 45. —
[4]) Diametral entgegengesetzt urtheilt z. B. Hugo v. St. Victor cf. Zöckler, die Naturwiss. und die Theologie i p. 819.
[5]) Thn. 41 C. 42 D. 44. 69 D. 70 A cf. Steger, platonische Studien III, p. 15 u. 26.

nur ein Beweis für den sittlich-religiösen Ernst seines Philosophirens (II, 52): Es liegt im Begriff des allmächtigen Gottes, dass er vollkommen¹) ist (II, 46): Vom vollkommenen Urwesen aber kann Nichts gethan, vollbracht, ins Leben gerufen werden, als was selbst vollkommen, tadellos und in der Vollendung seiner Tadellosigkeit abgeschlossen ist (II, 48): Es dürfte mithin der Seele, als Produkt der absolut vollkommenen Kraft, Nichts zur Vollkommenheit mangeln (II. 37); nun zeigt aber die Wirklichkeit das schnurgerade Gegentheil eines Vollkommenheitstandes der Seele: Folglich kann sie unmöglich aus der Schöpferhand des höchsten Herrn hervorgegangen sein (II. 16 cf. 36 u. 48.).

Ebensowenig, wie mit der Vollkommenheit Gottes, ist es mit seiner Weisheit in Einklang zu bringen, dass er die Seelen geschaffen habe: Es kann unmöglich in seinem Plane gelegen haben, dass sie, in die Welt eingetreten, nicht bloss in rein intellektueller, sondern auch in moralischer und religiöser Beziehung sich tief verirren sollten: In intellektueller, dass sie sich trotz des ernstesten, auf die Erkenntniss der Wahrheit gerichteten, Strebens in die gewundenen Schleichgänge der Muthmassung und damit in das Schattenreich der Unwissenheit (cf. Erkenntnisslehre) verlören; in moralischer, dass sie selbst über die elementarsten Sätze und Cardinalbegriffe der sittlichen Welt- und Lebensanschauung in unversöhnlichen Widerstreit geriethen; endlich in religiöser, dass sie praktisch, wie theoretisch, in Polytheismus und Atheismus verfielen (II, 39 cf. 46). — Macht man trotzdem geltend, dass Gott die Seelen deshalb hervorgebracht habe, damit sie die Erde, wie eine Kolonie, bevölkern und anbauen sollten, so ist diess ein auf durch-

¹) Ganz so Plato vom Weltbildner Rep. II, 381 B f. Lexg. 900 C f.

aus schwachen Füssen stehender Einwurf: denn die Menschen, welche als solche nichts weiter, als in Körper eingefügte und eingeschlossene Seelen sind, bringen der Welt gar keinen reellen Nutzen und Gewinn. Im Gegentheil! Man kann nicht umhin, zu glauben, dass sie völlig zwecklos im Diesseits weilen: Hängt doch von ihnen weder die Vollständigkeit des Kosmos, der auch ohne sie vollkommen lücken- und makellos sein, noch der Verlauf des Naturlebens ab, der auch im Falle ihrer Nichtexistenz ruhig und stetig von Statten gehen (II, 37) würde¹).

b. Allein die Annahme, dass die Seelen von Gott ihren Ursprung ableiten, scheitert auch an der sittlichen Seite des göttlichen Wesens.

Es verträgt sich schlechterdings nicht mit Gottes Güte und Gerechtigkeit, dass er die Seelen zu dem traurigen Loose verurtheilt haben solle, von den Körpern wie Kerkern umschlossen (cf. unten), bald selbst, des Gewichtes ihrer göttlichen Würde uneingedenk (II, 41. 44), allerlei Schändliches zu thun (II, 39—44 cf. 16. 45. 46), bald täglich von Neuem den Kampf mit den feindlichen Mächten eines widrigen Geschickes aufzunehmen oder auch sonst Schimpfliches zu leiden (II, 45. 46.): Es widerstrebt jedem nur einigermassen sittlich geweckten Bewusstsein, zu glauben, dass Gott, der als Ursache aller Ursachen die der Seele bevorstehende Entartung vorauswissen musste, sie dennoch geschaffen, mithin „zum Schlechten", wie wir mit Clemens Alexandrinus²) uns ausdrücken können, auf diese Erdenwelt herabgesandt

¹) A. ist grundsätzlicher Gegner der, besondern in der Epoche der antignostischen Polemik unter den Vätern fast allgemein verbreiteten (Lactantius, Ambrosius, Fulgentius, Gregor v. Nyssa u. A.), anthropocentrischen Weltauffassung. cf. Zöckler, a. a. O. p. 189 f.

²) Strom. IV, 26.

habe; Hätte er es wirklich gethan, so würde er — diess die unabweislbare Konsequenz — er, die „Säule der Güte und der Quell aller Tugenden", eben damit selbst zur Ursache aller Verbrechen gestempelt (II, 44). Daher sträubt sich denn auch A. aus allen Kräften gegen die Vorstellung der besprochenen Möglichkeit, er weist diese voll sittlicher Entrüstung zurück und nimmt, jeden weiteren Einwand abschneidend, seine Zuflucht zu dem Machtspruch: Es verfällt dem Verbrechen der Blasphemie, wer den Gedanken fasst, die Menschenseele sei durch Gott entstanden (II, 46 cf. 45).

So sieht A. nach der gegebenen Darlegung jeden Versuch, Gott zur Kausalität der seelischen Existenz zu erheben, eben an dem Wesen Gottes selbst stranden.

2. Nicht minder entschieden aber, wenn auch nur indirekt, kehrt er die Spitzen seiner Ausführungen gegen die Auffassung, dass die Seele blosses Produkt natürlicher, menschlicher Zeugung, blosses Werk der Eltern, sei[1]; Ihre Entstehung erklärt sich ihm nicht *per ein traducis*, wie einem Tertullian.[2]

3. Ebenso, wie die traducianische, verwirft er die im Timäus entwickelte Ansicht Plato's, dass die Seele Produkt einer blossen, in einem Mischkessel vorausgestalteten, Stoffmengung[3], mithin ein (wenn auch unlauterer) Abfluss aus der Quelle[4] sei, aus welcher nach platonischer Fassung die Weltseele hervorging: Diese Ansicht gilt ihm ebenso unglaublich, wie die absurde Vorstellung, dass der Entstehungsgrund des thierischen Lebens in

[1] II, 36 cf. l. 38 und die späteren Bemerkungen
[2] Nach seinem somatologischen Realismus (cf. unten), den er mit Tert. theilt, sollte man erwarten, dass A. auch, wie dieser, dem Traducianismus huldigte.
[3] Tim. 35 A. cf. Brandis, Gesch. d. griech. Philos. I, 344. —
[4] Es ersterbies vivis affluens (II, 28), uno ex fonte defluunt nostrum omnium animae (persilitir) II, 15.

einem derartigen Mischungsprocess zu suchen sein solle (II, 52). —

4. In demselben Grade für unwahrscheinlich und unhaltbar erachtet A. endlich auch die Ansicht, dass die Seele von selbst (sponte) d. i. ohne fremdes Zuthun, überhaupt ohne irgend welche Vermittlung, uns zugeflogen sein solle (I, 38)[1]; Es ist ihm gewiss, dass sie geschaffen und gesetzt ist. Diess ist aber der Punkt, der uns ungezwungen die Brücke schlägt zu seinen positiven Aufstellungen über den Ursprung der menschlichen Seele.

II.

Die Form, in welcher sich A. positiv über den Ursprung der Seele äussert, bildet zu der Art, mit welcher er dessen Nichtgöttlichkeit vertheidigt, einen auffallenden Contrast. Ging er dort heftig und leidenschaftlich, so geht er hier vorsichtig und reservirt zu Werke. Er bekennt einfach, dass aus einer Leugnung des göttlichen Ursprungs der Seele noch keineswegs die Verpflichtung erwachse, ihre sonstige Herkunft und Entstehungsweise darzulegen. Er thut es nach Orelli[2] in der Absicht, nicht den falschen Schein der Aufstellung einer Mehrheit von Prinzipien, wie sie den Gnostikern eigne, zu erwecken und selbst dem Vorwurfe des von ihm an den Heiden bekämpften Polytheismus zu verfallen. Wir bedauern, dieser Behauptung widersprechen zu müssen, aus dem einfachen Grunde, weil, wie wir uns sofort überzeugen werden, A. das zwischen Gott und dem von ihm angenommenen Erzeuger der Seele bestehende Verhältniss in einer Recht gnostischen (überdiess zugleich neuplatonischen)[3] Weise bestimmt.

[1] Cf. II, 22 u. 24.
[2] Anmerkung zu II, 36 im Anhange zum zweiten Bande seiner Ausgabe.
[3] Cf. Zink, a. a. O. p. 16.

Die Seelen stammen nach A. zwar nicht aus der tiefsten Nichtigkeit, aber doch nur aus Kreisen mittlerer Ordnung[1], von Wesen nicht vornehmster Gattung[2]. Für ihren Erzeuger hält A. einen um viele Stufen der Würde und Macht vom höchsten Gott Geschiedenen[3], der jedoch vom Hofe des Letzteren[4] und adelig (d. i. distinguirt) ist durch die Erhabenheit einer hohen Geburt[5]. Dieses Mittelwesen nun knüpft die, von ihm selbstständig gesetzte, Seele in dem Augenblicke, in welchem der von den Eltern erzeugte Fötus an das Licht der Welt tritt, mit diesem zusammen[6]. Nach diesem Sachverhalte hat A. allerdings Recht, wenn er die Seele zugleich als *cum ipsis visceribus sata et procreata* (l. 38) bezeichnet, und es liegt kein Grund vor, ihn etwa neben Augustin zu stellen, der in der That über ein unentschiedenes Schwanken zwischen Traducianismus und Kreatianismus nie hinauskam[7]: Es unterliegt keinem Zweifel, dass A. die, wir müssen es hinzufügen, unstreitig naturgemässere, traducianische Theorie des Seelenursprungs zu Gunsten des, schon damals allgemein herrschenden, kreatianischen Standpunktes bekämpft, den er für ein direkt durch Offenbarung enthülltes Geheimniss ansieht (l. 38).

[1] Ex mediocribus familiis (ll. 48).
[2] A. rebus non principalibus (ll. 53), wo wir res im allgemeinsten Sinne fassen.
[3] Dignitatis et potentiae gradibus satis plurimis ab Imperatore djunctum (ll. 38); Ganz so trennt der Gnosticismus und die alexandrinische Philos. die Mittelwesen durch einen weiten Abstand vom göttlichen Urgrunde.
[4] Ejus (sc. imperatoris) tamen ex aula (ll. 36).
[5] Eminentium nobilem sublimitate natalium (ib.).
[6] l. 38 coll. ll. 56. 63: Quis auctor vinctionis istius; er verbietet übrigens diese Zusammenfügung aus Neid (ll. 7) cf. im Gegensatze dazu die schlechtbisige Neidlosigkeit des Seelenbildners b. Plato (Tim. 37).
[7] Cf. Zöckler, a. a. O. l, p. 241.

§ 2.
Die Präexistenz der Seele.

Mit dem Nachweis des nichtgöttlichen Ursprungs der Seele, der bisher auf negativem und positivem Wege geführt wurde, ist im Grunde der mit dem Innersten des platonischen Systems zusammenhängende Kanon der Präexistenz bereits unrettbar umgestossen, und mit einem entschiedenen Nein beantwortet die Frage, ob die Seele vor ihrem Eintritt in den Weltzusammenhang in höheren (ll. 26), glücklichen (ll. 37) Welten, im Inneren des Himmels (ll. 18), in der Umgebung Gottes[1], im Range einer Göttin[2], ein anfangsloses[3] Dasein geführt haben solle, sei es, metaphysisch gefasst, untheilhaftig jeglicher körperlicher Belastung und irdischer Umschliessung (ll. 39)[4], sei es, psychologisch angesehen, in friedlicher und stiller Ruhe lebend (ib.), unstäuchtig und jeglicher Bewegung wilder Affekte unkundig (ll. 41); sei es endlich, ethisch betrachtet, von unverdorbener Güte (ll. 39).

Dessenungeachtet hält es A. für angezeigt, noch einen kurzen Beweis anzutreten für die innere Unwahrscheinlichkeit der Präexistenztheorie: Wären die Seelen — so argumentirt er — wirklich vor ihrem Eintritt in die Welt an überweltlichen und glücklicheren Sitzen wohnhaft gewesen, so hätten sie gewiss diese Sitze um jeden Preis fest gehalten und nie unverständig die Erdenräume begehrt, um in dunkle Körper eingehüllt zu leben (ll. 37). —

[1] Ab ipso rege descendere (sc. animas) ll. 54. —
[2] Quae (animae) fuerant apud se (deum=eum rerum) deae (ll. 39). —
[3] So Plato Phaedon 106 D. Rep. X, 611 A ff. die β. dal δν. —
[4] Nach Plato, der die Seelen χωρὶς σωμάτων (Phaed. 76 C. cf. Menon 86 A) präexistiren lässt.

Ist in diesen Zügen der Ursprung der Seele, wie ihn A. fasst, gezeichnet, so selten wir nun auf die wichtigsten Gesichtspunkte, unter welche er das Wesen derselben stellt.

Zweites Kapitel.
Das Wesen der Seele.

§ 3.
Die physisch-ethische Bestimmung desselben.

I.

In physischer Hinsicht konstituiren das Wesen der Seele nach A. zwei Momente: Ihr Verhältniss zum Körper und ihre eigene Substantialität.

1. Den Anfangspunkt des innerweltlichen Daseins der Seele bezeichnet der Augenblick, in welchem sie von ihrem Erzeuger an den Körper geknüpft und mit demselben verbunden wird. Ohne diese Verbindung, welche A. mit einer ziemlichen Variation von Ausdrücken und Wendungen illustrirt, wie Plato im Timäus[1]) aus einem unabwendbaren Verhängniss oder wie im Phädrus[2]) aus einer, innerhalb eines intelligiblen Daseins kontrahirten, eigenen Schuld der Seele herzuleiten, findet A. das Specifische jenes Aktes darin, dass die Seele in und mit demselben in einen Zustand der Knechtschaft und Sklaverei geräth: Weit entfernt, die Herrschaft über den Körper zu

---
[1]) Tim. 41 D ff. —
[2]) Phädr. 246—248 E cf. Steger, platon. Studien III, p. 25; dieselbe Doktrin schon bei den Pythagoreern (cf Trommershausen, Darstellung u. Beurtheilung der Ansicht Platos über das Wesen der Seele u. ihr Verhältniss zum Körper, p. 2), später bei Origenes (Ritt., christl Philos. p 330), neuerdings bei Rückert u. J. Müller.

führen[1]), ist sie vielmehr so in denselben eingeschlossen (inclusa II, 13) und eingetlochten (inligata II, 48 cf. II, 63; vinctio), dass er nicht nur ein ihr unentbehrliches Organ und Substrat ist, sondern sie auch despotisch beherrscht, indem er theils, statt willig ihre Bewegungen aufzunehmen und ihre Impulse auszuführen, ein Hinderniss der Glieder (II, 28) und damit eine hemmende Schranke, ein niederziehendes Gewicht für ihre naturgemässen Funktionen, theils der finstere Kerker[2]) ist, in welchem sie hart gebunden und schwer gefesselt liegt, wenn auch mit der unbenommenen Aussicht auf eine einstige, im Tode sich vollziehende, Erlösung von dem Joche des Körpers (*dijugatio* II, 14)[3]).

Es ist unverkennbar, dass schon durch diese Zeichnung des absoluten Abhängigkeitsverhältnisses der Seele vom Körper ein stark materialistischer Zug weht: A. macht daraus kein Geheimniss: Er ist, wie er deutlich zu erkennen giebt, wenn er auch ausdrücklich bekennt, sich den Grund der Erscheinung nicht innerlich vermitteln zu können, im Prinzipe davon überzeugt, dass die Zustände und Entwickelungen des leiblichen und seelischen Lebens absolut congruiren, dass die Beschaffenheit der Seele sich ganz nach der gesunden resp. kranken Beschaffenheit des Körpers bestimme, dass sie nicht minder in der Kindheit (wie der Materialismus meint, infolge des unentwickelten Nervensystems, besonders des Gehirns) dumm, im Alter aber müde sei und den Verstand verliere (II, 7).

---
[1]) Wozu sie nach Plato (Legg X, 896 C. Tim 34 C. cf. Phaedon 80 B) berufen und bestimmt war. —
[2]) Plato bezeichnet ihn als dunkle Höhle (Rep. VII, 514 ff.), Gefängniss (Phaedon 62 B), ja als Grab (Gorg. 483 A cf. Krat. 400 C) der Seele: das strikte Gegentheil behauptet Augustin (de vera rel. 36). —
[3]) Ganz so Plato (Phaedon 46 C: ἀπαλλαγή, cf. 67 C. 65 D; Gorg. 524 B: λύσις.

2. Allein dies Verhältniss von Seele und Körper wäre nach seiner Meinung völlig unbegreiflich und unmöglich, wenn nicht eine stoffliche Einerleiheit beider vorläge, wenn die Seele ein rein un- und übersinnliches, ideales, geistiges Sein darstellte, wenn sie eine der sinnenfälligen Erscheinung des Körpers in keiner Beziehung irgend wie analoge, aller körperlichen Dichtheit baare, mithin von allem Materiellen specifisch verschiedene, Substanz wäre: Sie ist nothwendig **körperlich**.
Den Beweis für diese Nothwendigkeit führt A. auf a pagogischem Wege:

a. Wäre die Seele unstofflich, so könnte sie sich nicht durch schändlicher Thaten Schimpf beschmutzen und bestecken (II, 48), weil es an einem Raume fehlen würde, an welchen sich das Brandmal der Befleckung anheften könnte (II, 30);

b. Sie könnte ferner nicht, durch momentane Eindrücke erregt, wie die heidnischen Götter, Freuden oder Angst und Trauer empfinden noch, wie jene, in Jähzorn[1]) entbrennen: Denn nur etwas Körperliches bietet einen Zugang für Affekte (VII, 4)[2]).

c. Sie könnte endlich, selbst von den dichtesten körperlichen Banden umschlungen (II, 26), weil überhaupt für körperliche Berührung unempfänglich und unzugänglich, weder an dem Gegensatze des Körpers ein Hindernis finden, noch durch ihn etwas an ihrer Kraft verlieren, besonders auch nicht (cf. Erkenntnisslehre) ein Vergessen dessen erfahren, was sie vor ihrem Eintritt in den Körper gewusst: Plato, der dieser Theorie des Vergessens huldigt, liefert eben damit, ohne es zu ahnen, selbst das schlagendste Argument für die Körperlichkeit und gegen die von ihm verfochtene Immaterialität der Seele (II, 26);

---

[1]) I, 23. IV. 47. VII, 5. 8 u.
[2]) Dasselbe Argument findet sich bei Tertull. de an. 6 f.

ja er bewegt sich in einem bei der sonst unleugbaren Feinheit und Abgewogenheit seines Urtheils (II, 14. cf. 21. 36 u.) unerklärlichen Selbstwiderspruche, wenn er einerseits eine körperliche Massivität der Seele bestreitet[1]), andrerseits die Möglichkeit offen lässt, dass sie jenseits der Grenzen des zeitlichen Daseins Strafe erleidet und Schmerz empfindet[2]): Denn es liegt im Begriff des Unkörperlichen, dass es keinen Schmerz[3]) zulassen kann (II, 14). Ist aber schon Platos [im Grunde doch noch dialektisch vermittelte] Urtheil ungereimt und unverständlich, so kann die schlechthinige axiomatische Annahme einer seelischen Immaterialität nur für eine aus Hoffahrt und Uebermuth entsprungene Muthmaassung gelten (II. 19); denn, wer sie theilt, vindicirt der Seele in blasphemischer Weise (cf. II, 46) göttliche Natur, sofern die unterscheidende Eigenthümlichkeit dieser Natur in dem Vorzuge besteht, körperlicher Lineamente, überhaupt äusserer Formenbegrenzung entbehrend (I, 31. III, 12)[4]), jeglicher Berührung enthoben zu sein (VII, 3). —

Was den ersten dieser drei Beweise für die Körperlichkeit der Seele anlangt, so ist er deshalb als entschiedener Missgriff zu bezeichnen, weil er sich der Vermengung zweier heterogener Gebiete, der Gebiete des Natürlichen und des Sittlichen, also, wie die Logiker es auszudrücken pflegen, einer μετάβασις εἰς ἄλλο γένος schuldig macht.

Der zweite der angeführten Beweise ist ein elü-

---

[1]) Tim. 44 A ff. Zeller, a. a. O. II, 1, 501.
[2]) Gorg. 523 A ff.
[3]) A. meint hier den rein körperlichen Schmerz; denn die Qualen, die der gottlosen Seelen, wenn sie aus dem Körper ausgeschieden, nach seiner Anschauung harren (cf. unten), sind als innerliche zu fassen.
[4]) Principiell anderen urtheilt Tertullian (adv. Prax. 7).

fachen unerwiesenes Axiom und beruht auf einer gründlichen Verkennung des Wesens der Affekte.

Der dritte Beweis endlich, eine offenbare Anwendung des im Alterthum allgemein gültigen, auch von Plato getheilten, Grundsatzes, dass nur Gleichartiges auf einander wirken könne, ist in zwiefacher Beziehung verfehlt: Ihm einmal zugegeben, die von A. geforderte stoffliche Einerleiheit von Körper und Seele wäre Thatsache, so könnte diese Einerleiheit mit demselben Rechte auf Seiten des Seelischen, als des Leiblichen gesucht werden; und sodann ist die Unhaltbarkeit jenes Grundsatzes von Denkern, wie Locke und Lotze, aufgedeckt und darauf hingewiesen worden, dass wir nur die Wahrnehmung des thatsächlichen Herganges kennen, den eigentlichen Prozess der Wechselwirkung auch zwischen Gleichartigem aber schlechterdings nicht begreifen, in welchen Formen er sich auch vollziehen mag.

Nicht weniger interessant, als die eben besprochenen, von A. für die Körperlichkeit der Seele beigebrachten, Argumente ist die Art, wie er sich diese Körperlichkeit näher vorstellt.

Es liegt A. fern, die Seele, wie z. B. Tertullian[1]), sich als einen feinen, zarten, luftartigen und lichthellen Stoff zu denken: Er ist vielmehr von der Massivität ihrer Substanz und der Kompaktheit ihrer Materie so stark überzeugt, dass er in Fällen ihrer Blödigkeit und Stumpfheit mit einer fast knabenhaften Naivetät das Zwangsmittel der Schläge (plagarum coercitio II, 19) angewendet werden lässt. —

Die körperliche Fassung der Seele, mit welcher A. in die Bahnen eines fast Stoikern eigenthümlichen, nach Schwegler[2]) „somatologischen Realismus" einlenkt,

---

[1]) De an. 6 f.
[2]) Gesch. d. griech. Philos. ed. Köstlin (Tüb. 1870), p. 282.

bezeichnet, im Zusammenhange der Geschichte der Philosophie beurtheilt, einen entschiedenen Rückschritt.

A. fällt mit ihr auf den schon von Plato und Aristoteles überschrittenen und überwundenen Standpunkt der vorsokratischen Philosophie zurück, welche mit Ausnahme des Anaxagoras das Wesen der Seele immer mehr oder weniger materiell bestimmt hatte. Gleichwohl herrscht innerhalb seiner Psychologie ein noch immerhin gemässigter Realismus im Unterschiede von der einseitigen Uebertreibung desselben, wie sie uns bei der Stoa und bei Tertullian[1]) entgegentritt. —

Fassen wir nun die über das physische Wesen der Seele erörterten Bestimmungen unseres Autors einheitlich zusammen, so ergeben sie uns folgendes Resultat: Die Seele ist eine vom Körper total abhängige, weil nach Zustand und Entwicklung von ihm bedingte, nicht spezifisch von ihm verschiedene, sondern seiner kompakten Stofflichkeit analoge Substanz.

II.

Die im Vorstehenden unter physischen Gesichtspunkten betrachtete Wesensbestimmtheit der Seele hat zur unmittelbaren Konsequenz und Kehrseite eine ethische; und weil die letztere, wiewohl streng gefasst nicht hierher gehörig, doch auf's Engste mit jener zusammenhängt[2]), konnten wir nicht umhin, sie in Form eines Anhangs an dieselbe zu behandeln und daher unserem dritten Paragraphen die Ueberschrift zu geben: Die physisch-ethische Bestimmung des Wesens der Seele.

A. geht auf die berührte Seite ein, indem er die situ-

---

[1]) De an. 7; de carn. Chr. 11.
[2]) II. 39: infolge der Körper werden die Seelen wild und verbrecherenswerth (ex corporibus adsumunt causas, quibus ferae fiant etc.); —

liche Kraft und den sittlichen Werth der Seele zum Gegenstande seiner Darstellungen macht.

1. Wie es um die sittliche Kraft der S. stehe, zeigen uns am deutlichsten ihre Konflikte mit den Affekten. Diese Konflikte sind beständige Niederlagen der Seele (II, 33). Schon hierdurch erschüttert A. das stolze Vertrauen des Stoicismus auf die Macht eines von Einsicht geleiteten, die Gewalt der Begierden und Leidenschaften meisternden, den Zusammenhalt aller Tugenden wahrenden (II, 15), sittlichen Willens[1]), sofern ihm die Seele in einem Grade von den niederen Potenzen ihres Naturgrundes, von den widerstreitenden Einflüssen der sinnlichen Natur, beherrscht erscheint, dass sie in Bezug auf einzelne Akte ihrer Selbstbestimmung, wie in dem Gesammtcharakter ihrer Aktivität nicht bloss den Eindruck sittlicher Schwachheit und Gebrechlichkeit (II, 45. 50. 53. ö.), sondern den völliger Impotenz macht (II, 45. 48. 77 ö.), eine Erscheinung, welche selbst die über die Weltbühne hinweggebreitenden Uebingestalten der Philosophen bestätigen, die unter hartnäckigster Anstrengung aller Kräfte, ja theilweise unter Verzicht auf jeglichen Götterbesitz, sich bemühen, das wuchernde Unkraut der in ihrem Inneren tobenden Leidenschaften auszurotten, es aber nicht durchzuführen vermögen (II, 50)[2]). Aus diesen Gründen ist der Mensch, die im Körper eingeschlossene Seele (II, 13. 48), in der That ein unglückseliges Geschöpf, das keinen anderen Zweck seines innenweltlichen Daseins kennt, als den Uebeln Gelegenheit zu ihrer Ausbreitung zu geben (II, 46).

---

[1]) Schwegler, a. a. O. p 304 f
[2]) Die, von Seneca (ep. 50, 4) eingehend diskutirte Frage, ob die Philosophie als ihrem Wesen nach abgebende, antipherale, vom Egoismus befreiende, sittliche Praxis wirklich illusternd sind und refulgend wirke, bringt A. nicht zur klaren Entscheidung (II, 80. 81).

Dass sich A. mit vorliegender Zeichnung der habituellen Beschaffenheit der sittlichen Kraft der Seele im Wesentlichen auf dem Boden der Wirklichkeit bewege, bestätigt jede gewissenhafte Analyse der Erfahrung.[1])

2. Achnlich, wie über die sittliche Kraft der Seele, urtheilt A. über ihren sittlichen Werth, der sich natürlich ganz nach dem Stande jener Kraft bestimmt und bemisst.

Die Seele lebt keineswegs unschuldig, untadelhaft, rechtschaffen (II, 15)[2]); noch viel weniger ist sie a priori gut: Denn es treffen bei ihr zwei Voraussetzungen des von Natur Guten nicht zu: Einmal Nichtbedürftigkeit einer Verbesserung oder Zurechtstellung (emendari aut corrigi)[3]) und sodann absolute, selbst auf den Namen sich erstreckende, Unbekanntschaft mit dem Bösen (II, 50): Nein sie ist mit unzähligen Flecken behaftet (II, 48): Egoismus in allen ihren Bestrebungen (II, 57) und Hochmuth (I, 0. 38. 65. II, 1. 7. 15. 16. 29 ö.) sind die signaturbildenden Grundzüge ihres Charakters, die nicht etwa bloss vereinzelt auftauchen, sondern so allgemein verbreitet sind, dass, wer sich noch den Glauben an das Vorhandensein selbstloser und demüthiger, überhaupt gerechter, Persönlichkeiten retten will, sich nur an die verschwindendste Minorität der Glieder des Organismus der Menschheit halten kann (II, 49). —

§ 4.

Die metaphysische Bestimmung des Wesens der Seele.

1. Wie bisher nach seiner physisch-ethischen, so, wird das Wesen der S. auch nach seiner metaphysischen Perspektive beleuchtet. A. wählt zu diesem Zweck einen

---

[1]) Fichte, Anthropologie (3. A.) § 253.
[2]) Aecht gnostisch cf. Zink a. a. O p. 24. —
[3]) So lesen wir mit Zink (p. 25) und Rollfersscheid.

an sich äusserst vieldeutigen, schwerverständlichen Begriff. Gleichwohl gelingt es ihm, diesen Begriff verhältnissmässig scharf zu begrenzen.

Die Seele ist mittlerer Qualität (mediae qualitatis)[1] oder, wie es anderwärts formulirt wird, doppelseitiger und zweifelhafter Natur *(anceps ambigua-que natura)*[2] oder endlich sie ist von Medietät[3]).

Ein metaphysisches Moment soll diese mittlere Qualität sein: Schon daraus ergiebt sich, dass sie der Seele eignet nicht in dem Sinne, dass die letztere, in der Mitte zwischen dem Sinnlichen und Uebersinnlichen stehend, mit der Freiheit begabt sei, sich nach beiden Seiten sittlich zu entscheiden[4]. Allein mittlerer Qualität ist die Seele auch nicht in dem metaphysischen Sinne, in welchem die platonische Seele, auf Grund ihrer Zusammensetzung aus einem göttlichen und materiellen[5]) Prinzipe, eine Art Mittelding zwischen dem Idealen und Sinnlichen repräsentirt[6]); sie ist es ebensowenig als ein Mittleres zwischen dem reinen Sein und dem Körper, sodass sie sich als Lebensprinzip sowohl in Form des ersteren, als auch in Verbindung mit dem letzteren entwickeln könnte[7]): Denn sie ist, wie A. festhält, stofflicher Natur; sie ist es endlich nicht in dem Sinne, dass sie weder körperlich, noch göttlich sei[8]): Sondern sie ist es nach dem eigenthümlichen, zwischen Leben und Tod, Fortdauer und Vernichtung, schwebenden und schwankenden Charakter ihres natürlichen Daseins.

2. Geben wir einen Aufriss des Gedankenprozesses, kraft dessen uns A. zu diesem Begriff der mittleren Qualität gelangt zu sein scheint:

a. Ebenso unfraglich wie die Thatsache, dass die heidnischen Götter, deren menschliche Natur A. siegreich nachweist (I, 37. VII, 4. 5 5.), einschliesslich der Engel und Dämonen, zu Einem bestimmten Tage (II, 36) von Gott, dem „Einen Urheber aller Dinge" entweder erzeugt oder auf seinen Befehl hervorgebracht worden sind (II, 35), ist die Thatsache der Erschaffung der menschlichen Seelen: Heide, Götter und Seelen, haben konstatirtermassen einen Anfang ihrer Existenz: Was aber einen Anfang hat, muss nach Naturnothwendigkeit auch einen Untergang haben (II, 35).

b. Wie den Göttern (III, 12), so eignet ferner auch der Seele Körperlichkeit (cf. oben): Ein von bestimmten Flächen begrenzter Raum aber, überhaupt Alles, was von festen äusseren Formenumrissen eingefasst wird, kann unmöglich dauernde Lebenszeit besitzen[1]), ein Gedanke, dessen schnurgerades Gegentheil Tertullian vertritt, wenn er behauptet, dass die Körperlichkeit der Seele ihrer Unsterblichkeit keinen Eintrag thue[2]).

c. In ihrer Körperlichkeit liegt es endlich begründet[3]), dass die Seele nicht bloss im Allgemeinen von Seiten des Körpers afficirbar, von seinen Veränderungen und Bewegungen abhängig ist (II, 14. 15), sondern auch dessen positiven und direkten Widerstand erfährt (II, 26) und, sofern derselbe lähmend, beengend, kurz störend, in den Prozess ihres Lebens eingreift, in ihren Zuständen dermassen gewandelt wird, dass sie ihre Unversehrtheit

---

[1]) II, 14. 35. 36. —
[2]) II, 31. —
[3]) II, 31. —
[4]) So Nemesius cf. Ueberw. II, 95. —
[5]) Wogegen theils ihr nichtgöttlicher Ursprung, theils ihre materielle Substanz streitet. —
[6]) Cf. Steger, a. a. O. p. 18.
[7]) Diese Ansicht hat Porphyrius cf. Brandis, s. a. O. II. 403. —
[8]) So Augustin (de genesi ad litt. VII, 19).

[1]) Perpetuam aevitatem obtinere (III, 12).
[2]) Cf. Ueberweg, Grundriss II, p. 50. —
[3]) Cf. § 8, I, 2.

und Unverletztheit nicht zu behaupten und zu bewahren, dem Körper gegenüber nicht in wesentlich unbestrittener Selbständigkeit zu verharren vermag (II, 26. 30): Was aber durch irgend eine hereinbrechende Ursache einen derartigen Wechsel seines zuständlichen Seins erfährt, das muss nothwendig leidensfähig, mithin auch Veränderungen seines gegenständlichen Seins unterworfen d. i. vergänglich (II, 26), der Macht einer unvermeidlichen Auflösung preisgegeben sein (II, 30); und Plato schürzt sich in der That einen nachgerade unentwirrbaren Knoten, wenn er die Unsterblichkeit der Seele aufrecht erhält, ihr aber trotzdem innerhalb der Unsterblichkeitssphäre Schmerz vindicirt: denn was Schmerz empfindet, kann *eo ipso* nicht unsterblich sein (II, 14).

Wie aber der Seele das Leben nicht zum dauernden Eigenthum, sondern nur zum zeitweiligen Niessbrauch geschenkt ist (II, 27), so sind auch die heidnischen Gottheiten, die, weil sie körperlich (III, 12)¹), nicht bloss für Lust und Leid²), sondern auch für wirkliche Leidenschaft³) zugänglich sind, dem Gesetze der Vergänglichkeit unterstellt. —

Wir treffen nach alledem gewiss den Sinn des A., wenn wir im Anschluss an die unter a, b und c gegebene Gedankenentwicklung desselben zusammenfassend sagen: Die Seele ist, an und für sich betrachtet, auf Grund ihres nachweisbaren zeitlichen Anfangs, ihrer Körperlichkeit und der durch diese bedingten Abhängigkeit vom Körper, endlich ihrer, aus dieser Abhängigkeit entspringenden, pathologischen Zuständlichkeit, gleich den heidnischen Gottheiten, sterblich, vergänglich, unweit der gähnenden Abgründe des Todes situirt (II, 32).

¹) Opp. Plato (Phaedr. 246 C); —
²) VII, 6 opp. Plato (Philb. 33 B). —
³) I, 23. IV, 37. VII, 5. 8 8. opp. Plato (Rep. 377 E ff. Kriton 109 B ff.). —

Allein trotzdem — und hier liegt der Punkt, wo A. mit dem unseren Abschnitt beherrschenden Begriffe einsetzt — theilt sie, wie der Menschheit auf dem Wege der christlichen Offenbarung kund geworden (II, 14. 32. 36) und wie es schon bei Platon in seinem an theologischen und über das Alltagsniveau hinausragenden Gedanken überreichen Timäus (35 A) ausgesprochen ist, mit Göttern, Dämonen und Engeln das Attribut der mittleren Qualität (II, 36): Wie die Götter, als geschaffene Wesen (II, 35), an sich d. i. ihrer Natur, ihrem kreatürlichen Charakter nach (II, 36) korruptibel (VII, 5) und nur durch Willen und Geschenk des Urvaters (voluntate et munere del patris) vom Gesetze der Auflösung dispensirt und dem Empfange der Unsterblichkeit gewürdigt worden sind (II, 36): So ist die S., obwohl ihrer Wirklichkeit nach vergänglich (II, 26. 30) und unfähig, sich selbst ihr Lebenslos zu wählen¹), doch potentiell, der Möglichkeit nach d. i. unter bestimmten gegebenen Voraussetzungen und Bedingungen dauernd. In diesem Sinne ist sie mittlerer Qualität, ihr Wesen ein doppelseitiges und intermediäres; in diesem Sinne hält sie sich auf dem Grenzwall, auf der Mittelstrasse²) zwischen Leben und Untergang und oscillirt in der ungewissen Aussicht eines zweifelhaften Looses³) zwischen den polarisirenden Gegensätzen der Fortdauer und der Vernichtung.

Bedenken wir nun, dass A. als hervorstechenden Grundzug alles Materiellen und Körperlichen (III, 12) die Sterblichkeit, Unsterblichkeit aber im eminenten und absoluten Sinne als ausschliessliches Attribut Gottes

¹) II, 65: Sortem vitae eligendi nulli est. —
²) In medio limite vitae atque interitus contineri (II, 35). —
³) In ambiguae sortis condicione nutabilos (II, 35) cf. 31: anceps ambiguaque (animarum) natura.

(I, 31. II, 35 a.) betrachtet¹), und bringen wir damit in Zusammenhang, dass er, um ein Moment der unmittelbar folgenden Postexistenzlehre vorauszunehmen, Unsterblichkeit als reale göttliche Seinsweise fasst: So können wir nicht umhin, das Urtheil Ueberweg's²) glänzend bestätigt zu finden, dass das Wesen der Seele nach A. ein mittleres sei zwischen Göttlichem und Materiellen.

Allein man hat ein Interesse zu erfahren, ob und wie das, was die S. ihrer mittleren Qualität nach potentiell ist, zur Aktualität werde; dieses Interesse aber leitet über auf den dritten Kardinalpunkt der psychologischen Erörterungen des A., auf die Frage nach der seelischen Postexistenz. —

Drittes Kapitel.
Die Unsterblichkeit oder Postexistenz der Seele.

Drei Momente sind es, auf welche sich hier im Interesse der Sache unsere ganze Aufmerksamkeit zu koncentriren hat: Der allgemeine Standpunkt des A. in der angeregten Frage, die von ihm aufgestellten grundlegenden Bestimmungen der Unsterblichkeit und endlich die von ihm als solche betrachteten Garantieen ihrer Gewissheit.

§ 5.
Der allgemeine Standpunkt des A. in der Unsterblichkeitsfrage.

Die Entscheidung über Ja und Nein einer Postexistenz, welche durch ihre hohe praktische Wichtigkeit sich einen Platz innerhalb der Philosophie errungen und die Ver-

---
¹) So z. B. auch Augustin (Epist. 28 ad Hieron. 1. de genesi ad litt. VII, 28). —
²) A. a. O. II, p. 66.

anlassung gegeben hat, dass die letztere zu einem Gegenstand strebsamer Beschäftigung wurde (II, 31)¹), ist nach dem Urtheil des A. subjektiv und individuell bedingt: Die Thatsache, dass sich zwei Lager gelehrter Männer schroff gegenüberstehen, von denen die Einen, die Göttlichkeit der Seele im Prinzipe voraussetzend, für ihre immerwährende Dauer und für die Unmöglichkeit plaidiren, dass sie je zur sterblichen Natur entarten könne, die Anderen dagegen, von ihrer Nichtgöttlichkeit überzeugt, behaupten, dass sie nicht überdauere, sondern mit dem Körper zugleich umkomme (II, 31), gibt in letzter Linie auf eine verschiedene, ethische und psychologische Bestimmtheit der streitenden Parteien zurück: Wer sich auf Grund pflichtgemässen Handelns mit günstigen Aussichten und Hoffnungen für die Zukunft trägt, wird geneigt sein, einer Fortdauer das Wort zu reden; wer sich dagegen im Bewusstsein begangener Frevelthaten fürchtet, dieselbe am liebsten abzuschneiden suchen (ib.). Zwischen diesen beiden Extremen der schlechthinigen Behauptung und schlechthinigen Leugnung, deren prototypische Repräsentation sich ihr an die Namen eines Plato (z. B. II, 14) und Epikur (II, 30) knüpft, versteht es die arnobianische Unsterblichkeitslehre, sich den Standpunkt der Mitte in des Wortes vorzüglichstem Sinne zu sichern, indem sie der Seele, wie oben erörtert, das Attribut der mittleren Qualität ertheilt.

Wie aber seinen allgemeinen Standpunkt in der Frage einer eventuellen Unsterblichkeit, so lässt uns A. auch nicht in der Schwebe über das eigentliche Wesen derselben.

---
¹) Es liegt hier offenbar die platonische Anschauung zu Grunde, dass der Seelen, die durch Beschäftigung mit der Philosophie geläutert werden sind, nach dem Tode ein ewig seliges Leben harrt (Phaedon 81—84, bes. 82 C). Jedoch mit der Beschränkung, dass A. ihrer nur referirend gedenkt, ohne sie wirklich zu der seinigen zu machen.

§ 6.
Die grundlegenden Bestimmungen der Unsterblichkeit.

Bei der Aufstellung dieser Bestimmungen verfährt A. so, dass er zuerst theils eine wirkliche, theils eine scheinbare Beschränkung der Unsterblichkeit statuirt, sodann ihren eigentlichen Inhalt und endlich ihre Form schärfer fixirt.

I.

1. Das unmittelbar nach ihrem Ausscheiden aus den Körpern an den Seelen sich vollziehende Gottesgericht (II, 29) besteht darin, dass diejenigen, welche (cf. unten) nach Gotteserkenntniss gestrebt, die gerechten, zum wahren Leben zugelassen (II, 66), diejenigen aber, welche dieses Streben versäumt haben, die gottlosen, dem wahren Tode übergeben werden (II, 14), um zwar nicht sofort völlig vernichtet, aber mittelst geflissentlich hingezogener, unter dem sinnlichen Bilde eines verzehrenden Feuers dargestellter (II, 14), Qualen so lange gepeinigt zu werden, bis sie, wie A. unter gänzlicher Verkennung der Natur des menschlichen Individuums annimmt, radikal vertilgt und aufgelöst sind (II, 33. 64)[1]: Zum unsterblichen Dasein also gelangen nur die gerechten Seelen; nur ihnen steht nach der Anschauung des A. die Thür zum wahren Leben offen: Er ist mithin Vertreter einer durchaus partikularistischen Unsterblichkeitslehre.

2. Was das Zeitmaass der seelischen Fortdauer betrifft, so könnte man sich veranlasst fühlen, unseren Autor einer offenbaren Unklarheit zu zeihen: Es ist zuzugeben: An zwei Stellen bezeichnet er die Fortdauer als ein für gewisse Seelen erreichbares hohes Alter (II, 32 cf. 62), folglich als eine Fortdauer von nicht unbegrenzter, sondern nur unbestimmter und unberechenbarer Zeitausdehnung, und es liegt mindestens nahe, darin einen starken Anklang an die Meinung der Stoiker zu finden, dass die Seele zwar den Körper, aber nicht die Weltperiode, in der sie geboren, überdauere, sondern, nachdem die jenseits der Grenzen ihres körperlichen Daseins ihr verliehene Zeitspanne abgelaufen[1]), selbst den Ordnungen der Sterblichkeit erliege (II, 47)[2]: Allein erstens wird in der einen Stelle das Gott zugeschriebene *longaevos facere* (sc. *animas*) mit dem gleichfalls von ihm prädicirten *spiritum perpetuitatis subrogare* (II, 62) so völlig identisch gebraucht, dass beide für A. augenscheinlich Synonymbegriffe sind; dazu kommt, dass jene Stellen durchaus als unicon zu betrachten sind, während nach der ungleich grösseren Mehrzahl seiner Aeusserungen die Unsterblichkeit im Sinne eines ununterbrochen, also ewig-dauernden, Fortlebens aufgefasst erscheint. —

Von den im Vorstehenden berührten Schranken der Unsterblichkeit schreiten wir zu ihrem Inhalte fort.

II.

1. Wenn A. in dem bunten Farbenspiele eigentlicher und tropischer Ausdrücke und Wendungen, deren er sich

---

[1] Ob A., wie man aus einer seiner gelegentlichen Bemerkungen (II, 16) schliessen könnte, die Seelen der Gottlosen (vor dem Eintritt jenes tragischen Schlussaktes) noch durch Vieh- und andere Thierleiber wandernd denke, also das die platonische Unsterblichkeitslehre naturalistisch verunstaltende Dogma von der Seelenwanderung, und zwar unter strenger Anlehnung an die im Timäus (41D ff.) und Kriton (44 A ff.) niedergelegte Form desselben, wirklich adoptire, ist nach dem Wortlaut der bezeichneten Stelle nicht zu entscheiden. Nur soviel steht fest, dass er sich des besagten Dogmas als Beweismittels bedient für die Nähe der nach seiner Ansicht zwischen Menschen- und und Thierwelt bestehenden Verwandtschaft. —

[1]) Adveserit cum tempus (II, 9); —
[2]) D. i. mit dem Alten verzichtenden Weltbrand (ἐκπύρωσις) in den Urstoff (cf II, 9) zurückkehre (cf. Köstlin, a. a. O. p. 206). —

bei der Behandlung der vorliegenden Frage bedient, u. A. den Eintritt in die Unsterblichkeit unter dem Bilde einer Rückkehr der Seele in ihre ursprüngliche Heimath[1], oder unter dem eines Auffliegens zu höheren Sitzen, zum Himmel, zu den Sternen, zum Licht[2] darstellt, so ist diese Ausdrucksweise deshalb für seine Auffassung vom Wesen der Unsterblichkeit irrelevant, weil sie sich lediglich aus äusserer Akkommodation an die Vorstellung Platos erklärt, dem die von A. bestrittene Präexistenz der Seele selbstverständliche Voraussetzung war[3]. 2. Um so deutlicher und unzweifelhafter geht es aus anderen seiner Bestimmungen hervor, wie er sich die Unsterblichkeit inhaltlich erfüllt denkt: Die durch die Erlösung als die durch Christum, den Retter (II, 64) und Befreier (II, 32), vollzogene Aufhebung des Todes[4] dem Gesetze der Sterblichkeit überhobenen (II, 63. 33) Seelen sind nicht bloss insofern unsterblich, als sie nach der im Tode sich vollziehenden Auflösung des Körpers in seine natürlichen Bestandtheile einfach ihr Dasein fortsetzen; denn auch die Seelen, für welche, weil sie die ihnen dargebotene Erlösung nicht angenommen haben, der Tod nicht aufgehoben ist, leben bis zu ihrer definitiven Vernichtung fort, wenn auch so, dass sich ihr Leben recht eigentlich „zu Tode" lebt[5]: Vielmehr ist Unsterblichkeit nach A. das (ins Unendliche sich erstreckende) specifisch bestimmte Sein der Seelen, welchem eine reale göttliche Existenzweise eignet; sie ist nicht ein vorwiegend sittliches, auf dem Grunde der Versöhnung ruhendes Verhältniss der vollendeten Lebensgemeinschaft zwischen Gott und den Seelen, wie es dem christlichen Glaubensbewusstsein feststeht, sondern ein wesentlich metaphysisches: Indem die Seelen aus ihrer mittleren Qualität zur Unsterblichkeit erhoben werden, werden sie — und auch dies verlaufen wir den Aufschlüssen der Offenbarung (II, 35) — vergöttlicht (divinae fiunt II, 62) d. i. Gott wesentlich gleichartig gemacht, ohne jedoch, was ihr kreatürlicher Charakter ausschliessen würde, vergottet d. i. zu Gott selbst, mit Gott identisch, zu werden: dei fiunt (II, 33 cf. II, 7)[1], von Deus.

Nach dieser Inhaltsbestimmung[2] der Unsterblichkeit kann es uns nicht befremden, wenn A. in dem Empfang der letzteren die abschliessende Spitze und Krone alles Wünschenswerthen, das „Heil der Seele" im eminenten Sinne sich verwirklichen sieht (II, 13. 33. 61. 64. 76. 78 ä.).

A. bestimmt die Unsterblichkeit endlich auch nach ihrer Form.

III.

Diese Form ist eine zwiefache, die Unsterblichkeit zunächst eine bewusste.

1. Die Form, in welcher sich A. das unsterbliche Sein vorstellt, ist die eines mit klarer Empfindung und Erinnerung verbundenen Zustandes[3]: Ganz im

---

[1] Remeare ad sedes patrias (II, 15), in sedem patritam referri (II, 62; cf. in animam dominicam tanquam propriam sedem remeare (II, 38). —
[2] II, 38. —
[3] Tim. 41 D ff Kriton 44 A ff
[4] II, 63. 34 ö. A. fasst die Erlösung unter willkürlicher Fälschung ihrer innersten Grundeigenthümlichkeit nicht als sittliche Befreiung und Entlassung des Gewissens, sondern rein äusserlich und mechanisch.
[5] Ein hier sehr passender Ausdruck Erdmann's (ps. Hr. IX, p. 134). —

---

[1] Animos, qui immortalis a nobis et deus esse narratur (II, 7), sodass immortalem und deum esse identisch ist; fieri vos deos ditio (II, 33). —
[2] Sie ist der gesammten bis zum Areopagiten reichenden altkatholischen Spekulation eigenthümlich.
[3] I, 29 vivari sumus, memoriam nostri sensus et recordationis habituri. —

Einklang mit Plato nimmt er an, dass die gerechten Seelen trotz der im leiblichen Tode erfolgenden Aufhebung der natürlichen Bedingungen des individuellen Daseins doch als Individuen fortdauern, eine Thatsache, die von Aristoteles schlechthin geleugnet, von der Stoa erst in ihren späteren Vertretern[1]) und auch von diesen nur unter der zwiefachen Beschränkung anerkannt worden war, dass die bezeichnete Fortdauer nur den Weisen gelten und nur bis zum allgemeinen Weltbrand sich erstrecken sollte.

2. Erschien uns soeben die Seele als bewusst fortdauernd, so fragt es sich weiter: In welchem Verhältnisse steht sie als unsterbliches Individuum zur Leiblichkeit? Das aber führt uns auf die zweite Form, in welcher sich A. das postexistenziale Leben der Seele vor sich gehend denkt. Es ist nach seinen verschiedenen Angaben unzweifelhaft, dass die Seelen im Tode sich vom Körper trennen (I, 38. II, 14), also körperlos fortleben, natürlich an und für sich in materieller Seinsweise (cf. oben § 3): Allein, da A. ausdrücklich die christliche Auferstehungslehre festhält (II, 13) und versicht, so urtheilen wir richtig, wenn wir behaupten, dass er im Gegensatze zu der von Plato[2]) vertheidigten ewig körperlosen Postexistenz die Seele bis zur Auferstehung ein körperloses Dasein führen, bei derselben aber sich mit dem innerhalb der Zeitlichkeit getragenen Körper wieder vereinigen lässt. — Resümiren wir am Schlusse unserer Darlegung der von A. über das Wesen der Unsterblichkeit gethanen Aussagen die hauptsächlichsten Ergebnisse, so sind es diese: Die Unsterblichkeit ist ein nur den auf Erden nach Gotteserkenntnis strebenden oder, wie wir kurz sagten, gerechten

---
[1]) Z. B. Seneca.
[2]) Phädon 66 E. 80 D ff. G. Tim. 81 D. 85 E.

Seelen zugängliches und erreichbares, unbegrenzt dauerndes, bewusstes und bis zur Auferstehung körperloses, reales göttliches Sein. —

Im Lichte eines solchen Unsterblichkeitsbegriffs könnte man voraussetzen, dass A. den Umfang der Unsterblichkeit auf ein thunlichst geringes Maass von Möglichkeiten beschränken würde; diese Voraussetzung trifft jedoch nicht zu. Zwar erscheint ihm die, aus der natürlichen Bestimmtheit der Seele gefolgerte, schlechthinige Annahme ihrer Nichtsterblichkeit als äusserst gefährlich, weil[1]) die Nichtsterblichkeit der Menschheit begünstigend und ihre Schuld mehrend (II, 29); zwar behauptet er, offenbar ganz konsequent und im Anschlusse an seinen (oben entwickelten Begriff von Unsterblichkeit, dass es Niemandem in den Sinn kommen würde, überhaupt den Gedanken derselben zu fassen, geschweige sie, wie selbstverständlich vorauszusetzen[2]) oder gar in selbstischem Unterfangen bestimmt für sich in Anspruch zu nehmen[3]), wenn man einerseits eine Spur wahrer Gotteserkenntnis, besonders einen nur ahnungsweisen Begriff hätte von der Ueberschwänglichkeit göttlicher Majestät und Hoheit (II, 19), andrerseits ernstes und gewissenhaftes Selbststudium triebe (ib.), statt, dem Zuge einer icarusgleichen Dreistigkeit[4]) folgend, sich den Blick für seine eigne Unwürdigkeit und Untauglichkeit[5]) zum Eintritt in ein unsterbliches Dasein trüben oder völlig rauben zu lassen.

---
[1]) Sc. durch Erweckung von Sicherheit und Sorglosigkeit vor dem göttlichen Gericht (II, 29).
[2]) Sponte nullo problemate praesumere (II, 33).
[3]) latentiae conatu àdere (sc. deri se deos) II, 33 cf. sibi adsciscere, arrogare (II, 16. 19. 63). —
[4]) immoderata sui opinio (II, 15 cf. 16.); typhus, arrogantia (II, 19. 1, 33. II, 29 6.), licentia, audacia reformidanda (II, 33).
[5]) II, 33 cf. II, 19.

Allein so energisch sich A. in den beiden angeführten Urtheilen gegen eine Anerkennung der aus der natürlichen Wesensbeschaffenheit der Seele abgeleiteten Möglichkeit einer Unsterblichkeit verwahrt, so gewiss und genügend gilt ihm diese Möglichkeit auf anderem Wege und in anderer Form eröffnet und verbürgt. — Wir fassen daher in's Auge

§ 7.
Die Garantieen der Gewissheit einer Unsterblichkeit.

Diese Garantieen sind zwiefacher Art, theils subjektive, theils objektive.

I.

1. Wie Plato[1]) den mit Philosophie sich beschäftigenden Seelen die Perspektive eines ewig seligen Lebens eröffnet; wie ferner Augustin[2]) die Theilnahme an demselben vom Forschen nach Gott abhängig macht; wie endlich in unserer Zeit Lotze nur die Unsterblichkeit der Seelen lehrt, welche in ihrem Leben einen der Unsterblichkeit würdigen Inhalt gewonnen: So ist den Seelen nach A. die Gewissheit einer Unsterblichkeit nur dann garantirt, wenn sie (schon in diesem Leben) Gott zu erkennen[3]) d. i. nicht bloss theoretisch zu begreifen, sondern ihn wahrhaft und völlig sich anzueignen, ihn in sich hineinzuziehen und als Gott zu erfahren streben; wenn diese Erkenntniss den Richt- und Angelpunkt ihres Forschens bildet[4]): Sie ist es aber näher deshalb, weil Gottes Erkenntniss nicht bloss negativ vom Untergang

---
[1]) Besonders Phädon 82 C. —
[2]) De ord. II, 18. —
[3]) II, 32 cf. 34. —
[4]) Si modo tempteat et meditentur adgnoscere deum II, 32): Wir fassen adgnoscere im Sinne von cognoscere.

des Lebens befreit (II, 14), sondern auch eine zwiefache positive Kraft entfaltet; zunächst die eines Sauerteiges *(fermentum)*, sofern es, da sich mit dem Begriff Gottes nothwendig der Begriff des Lebens verbindet, zu ihrem Wesen gehört, überall, wo sie errungen wird, Leben zu wecken und zu erzeugen; in diesem Sinne aber auch zugleich die eines leimenden Bandes *(glutinum)*, sofern sie Gott und Seele zusammenschliesst und die zwischen den Sphären des unsterblichen und sterblichen Daseins stehende Scheidewand *(res dissociabilis)* beseitigt (II, 32).

2. Um sich aber die Aussicht auf Unsterblichkeit sicher offen zu halten, müssen die Seelen ihre Gotteserkenntniss auch praktisch beweisen und bewähren durch Ablegung von Wildheit und Unmenschlichkeit, wie durch Annahme milderer Sinnesart (II, 32); vor Allem aber müssen sie willig eingehen auf den Zug der göttlichen Barmherzigkeit und Gnade[1]), von denen allein das Schicksal ihrer Zukunft abhängt.

Mit der Erwähnung dieses zuletzt berührten Momentes streifen wir schon die Grenze der objektiven Garantieen, auf welchen die Gewissheit einer Unsterblichkeit beruht.

II.

Diese objektiven Garantieen liegen im Wesen Gottes, in dem der Seele unmittelbar eingepflanzten Verlangen nach einem höheren Dasein, endlich im Prinzipe der allgemeinen sittlichen Weltordnung begründet.

1. Die Gewissheit der Unsterblichkeit der Seele stützt sich in erster Linie auf Gott und zwar nach der metaphysischen, wie nach der sittlichen Seite seines Wesens d. i. sowohl auf seine Allmacht und eigene Unsterblichkeit, als auf seine Güte und Gnade.

---
[1]) Si ad dei misericordiam atque indulgentiam se adplicaverit (II, 14) cf. nisi vos adplicatis dei principia notiani (II, 61). —

a. Sofern ihm, dem obersten Herrn, wie er theils ausdrücklich (II, 32. 35. 53 ö.), theils dem Gedanken nach *(deus et manducum continens* II, 36), bezeichnet wird, Nichts schwierig, hinderlich oder unmöglich ist (II, 36), so hat er auch allein die Kraft[1]) und Befugniss[2]), Ausnahmen von der Regel der Vergänglichkeit zu statuiren (II, 53), weshalb man vollkommen Recht daran thut, sich ihm, dem Befreier von Sterblichkeit und Todesfurcht, persönlich hin- und zu eigen zu geben[3]) und in dieser Form für die Erhaltung und den Zukunftsbestand seiner Seele Sorge zu tragen (II, 14. 76); ein Verfahren, welches schon Plato befürwortet, wenn er im Theätet der Seele den Rath ertheilt, aus der Welt zu entfliehen und immer, soviel als nur möglich, geistweise in der Umgebung Gottes zu weilen (II, 13), und welchen die Heiden thatsächlich befolgen, indem sie in ihren geheimen Kulten unbekannte Mächte anflehen, den in ihre Heimath zurückkehrenden Seelen keine Hindernisse in den Weg zu legen, oder, wie in den Acherontischen Büchern Etruricus zu lesen ist, durch Darbringung des Blutes bestimmter Thiere für bestimmte Gottheiten unsterblich zu werden hoffen (II, 62).
— Eine gleiche Garantie, wie in der Omnipotenz Gottes, findet die Seele für ihre eigne Unsterblichkeit in dem unsterblichen Sein, welches ihm zukommt: Den Geist ununterbrochener Fortdauer kann nur Einer verleihen (II, 62), der selbst, und zwar allein von Allen, unsterblich und dauernd (I, 31. II, 35), von keiner Zeitenschranke begrenzt (II, 62)[1]), vielmehr der Urheber der Zeitalter und Generationen *(sator temporum ac saeculorum)* in Person ist (I, 34). —

b. Allein nicht bloss in dem metaphysischen, sondern auch in dem sittlichen Wesen Gottes wurzelt die Gewissheit der Unsterblichkeit. Und hier macht A. den Standpunkt des spezifischen Christenthums geltend: Wie ihm Gott überhaupt aller Güter Ausgangspunkt und ewige Quelle (II, 2 cf. I, 34) ist und, als Säule der Gütigkeit *(columen benignitatis)*, das Wohl des natürlichen Weltlaufs bedingt und begründet (II, 46), so giebt sein Wohlwollen[2]) und sein königliches Erbarmen[3]) Veranlassung zu der Hoffnung, dass er den Seelen eine dauernde Existenz gewinnen lassen, sie des Geschenks der Unsterblichkeit würdigen werde[4]). Die prinzipielle Beroehrigung dieser Hoffnung bezeugt und bestätigt schon Plato[5]). Er existirt zwar an sich schlechthin Nichts in der Welt von dem Prozess der Auflösung, lässt aber doch durch den Willen und die Güte Gottes Götter und Welt, als mittelst vollkommenster Knoten zusammengeknüpft, bewahrt und mit heilbringendem, vor Vernichtung sicheren, Fortbestande beschenkt werden (II, 36)[6]). —

So sicher jedoch die göttliche Gnade ein unsterbliches Leben gewährleisten kann, so wenig dürfen nach der Anschauung unseres Autors zwei wichtige Beschränkungen verschwiegen werden:

---

[1]) Servare animas alias nisi deus omnipotens non potest (II, 62). —
[2]) Ei soli potestas est talia corruptione exolens largiri (II, 53) cf. Vitae soriem eligendi nulli est, deus causa (II, 64) nach Plato (Rep. X, 617 E) d. i. Gott ist die alleinige wirkende Kausalität der Unsterblichkeit. —
[3]) II, 33. 35. 76. —

---

[1]) cf. III, 12: Natura divina, quae neque esse cooperit aliquando nec visilem ad terminum ait aliquando ventura —
[2]) Munere et beneficio eo animae longaevae sunt (II, 52) cf. voluntate dei patris ne muoere (II, 56).
[3]) Regia miseratio (II, 62). —
[4]) Immortalitate dignabitur donare eo. animas (II, 36 cf. 62). —
[5]) Tim. 41 A. cf. Brandis, a. a. O. 1, 345. —
[6]) Wir lesen mit Reifferscheid: Vinctione in perpetua contineri.

α. Da der höchste König und allmächtige Herr Christum ausdrücklich zum alleinigen Weg des Heils, zur alleinigen Thür des wahren Lebens, gemacht, indem er ihm officiell das Amt und freie Recht übertrug, den Seelen das Heil zu schenken und den Geist ununterbrochener Fortdauer beizulegen (apponere II, 65): So verschliesst sich jede Seele, welche die Person Christi, statt sich vor ihr zu beugen (II, 34), zu umgehen sucht, selbst — wie A. mit Nachdruck hinzufügt — im Falle eines streng und eingeschränkt geführten, diesseitigen Lebens (II, 62) und vollkommenster Reinhaltung von lasterhafter Beflockung, im Principe die Möglichkeit einer Unsterblichkeit (II, 66).

β. Eine zweite Beschränkung, deren bei Erwähnung der mit Gottes Güte und Gnade gegebenen Garantie der Unsterblichkeit gedacht werden muss, besteht darin, dass, wo Seelen wirklich das Ziel des wahren Lebens erreichen, dies nicht etwa an einer im Interesse Gottes begründeten Nothwendigkeit liegt, als ob ihm aus ihrem Unsterblichwerden ein Gewinn oder aus ihrer Vernichtung ein Verlust erwüchse (II, 64); ebensowenig dringt Gott den Seelen das Geschenk der Unsterblichkeit auf (nulli infert necessitatem (ib.)[1]): Nein, so gewiss von Haus aus der Zutritt zur Quelle des wahren Lebens d. i. der Eintritt in die Unsterblichkeit allen Seelen ausnahmslos offen steht, so gewiss geht jede, die sich in Hoffahrt und Weisheitsdünkel (II, 63) der dargebotenen Gnade nicht blos entzieht, sondern sie auch geringschätzt, verachtet und verschmäht, der Qualifikation zur Unsterblichkeit verlustig (II, 64).

2. Die zweite objektive Garantie für die Gewiss-

---

[1] Sodass er die Freiheit ihrer Entscheidung beeinträchtigte oder gar annulirte.

heit einer Unsterblichkeit bildet das der Seele einwohnende Verlangen, dem allgemeinen Schicksale alles nur natürlichen Daseins, der Vergänglichkeit in der Zeit, zu entrinnen: Nur auf Grund Ihr gewordenen Auftrages fühlt sich die der Seele immanente Vernunft berufen, Unsterblichkeit zu postuliren (II, 62): Dieses Postulat muss unbedingt erfüllt, die der Seele eingestiftete Bestimmung erreicht werden.[1]

3. Als Schlussglied in der Kette der objektiven Garantieen figurirt endlich die jedem sittlichen Bewusstsein mit Gewalt sich aufdrängende Nothwendigkeit einer jenseits vergeltenden Gerechtigkeit: Angenommen, der Zustand nach dem Tode korrespondirte nicht mit dem Verhalten der Seelen in diesem Leben, und es könnte die Unsterblichkeit einfach geleugnet werden, so würde mit und infolge dieser Leugnung — so würde jedem, auf Selbstzucht und Bekämpfung der Leidenschaften gerichteten, sittlich ernsten Streben die Aussicht auf jenseitige Belohnung abgeschnitten, dadurch aber einem entarteten Leben Thor und Thür geöffnet, alle Bande der sittlichen Weltordnung gewaltsam gesprengt werden (II, 30)[2] —

Diess im Wesentlichen die von A. als solche betrachteten, subjektiven und objektiven Garantieen für die Gewissheit einer Unsterblichkeit. Wir ersparen uns die Mühe, sie nach Beweiskraft und Haltbarkeit einer besonderen Kritik zu unterziehen, da sie durch die Gestalt,

---

[1] Ganz ähnlich argumentiren Plato (Phädon 68 A cf. 67 B), im Mittelalter Thomas v. Aquino (Ueberweg II, 208) u. A., in der Neuzeit besonders Kant, allerdings unter verschiedenen Modifikationen.

[2] Auch diess Moment argirt Plato (s. B. Phädon 107 C cf. 114 C. Rep. X, 608 C 6.) cf. ausserdem Steger, a. a. O. III, p 52 Anmkg. 8. —

in der sie sich bieten, zur Genüge zeigen, dass sie Verstandesbeweise in des Wortes strengem Sinne weder sein können noch wollen. —

Ueberblicken wir jetzt, wo ihre Grundlinien vor uns liegen, das Ganze der arnobianischen Psychologie, so können wir nur mit dem Urtheile abschliessen, dass A. die drei Hauptfragen nach Ursprung, Wesen und Unsterblichkeit der Seele gründlich behandelt und theilweise mit viel Aufwand von Scharfsinn erörtert. —

Zweiter Hauptabschnitt.
Die Erkenntnisslehre des Arnobius.

Nachdem wir bisher aus vereinzelt und zerstreut vorliegenden Gedankengruppen ein Gesammtbild der Psychologie des A. zu gewinnen und zu entwerfen versucht haben, schreiten wir fort zu einer Darstellung und Charakteristik der Quintessenz seiner Erkenntnisslehre.

Fügte sich der Gedankeninhalt der psychologischen Erörterungen, wie von selbst, unter gewisse Hauptrubriken, so gilt diess in gleichem Masse von den erkenntnisstheoretischen: Sie betreffen im Wesentlichen drei Punkte: Den Ursprung und Bildungsprozess, das Wesen und endlich die Schranken der menschlichen Erkenntniss.[1]

Viertes Capitel.
Der Ursprung
und Bildungsprozess der menschlichen Erkenntniss.

§ 8.
Der Ursprung derselben.

Die Frage, wie die Seele zu ihrem Inhalte komme, war augenscheinlich für A. ein Problem von höchster Bedeutung: Das bezeugt, schon äusserlich betrachtet, der

---
[1] Wir gebrauchen hier das Wort „Erkenntniss" im weitesten Umfange seiner Bedeutung.

ziemlich breite Raum, welchen die Untersuchung derselben innerhalb seiner erkenntnisstheoretischen Erörterungen einnimmt. Geführt wird diese Untersuchung auf negativem und positivem Wege. Wir verfolgen zunächst den negativen.

I.

Durchmisst man nur flüchtigen Schritts die auf den Inhalt unseres Paragraphen bezüglichen Aufstellungen der arnobianischen Erkenntnislehre, so verrathen sie unmittelbar die Spuren prinzipieller Hingabe an den empirischen Standpunkt der stoischen Schule, sofern sie nicht bloss in Voraussetzung, sondern auch innerhalb derselben reflektiren. Gleichwohl gelingt es A. nicht, mit derselben Konsequenz, wie die Stoiker, den Empirismus zur Geltung zu bringen und in der vollen, ungetrübten, Reinheit seines Princips durchzuführen. Der Grund davon liegt in einer einzigen, sachlich allerdings erheblichen, Abweichung, die er sich, vielleicht sogar unbewusst, von dieser seiner im Uebrigen so treu respektirten Autorität gestattet: Während nämlich die stoische Schule überhaupt keine angebornen Begriffe zulässt, sondern selbst in den höchsten Ideen, in den Ideen des Guten und der Gottheit, nur solche Begriffe sieht, die kraft einer gewissen natürlichen Anlage und Neigung unseres Denkens von Allen gleichmässig aus der Erfahrung abgeleitet werden[1]), so hebt A. in Uebereinstimmung mit fast sämmtlichen Kirchenvätern des Morgen- und Abenlandes[2]) die Gottesidee, speziell die Idee eines Königs, Lenkers und Herrn aller Dinge (I, 33), freilich auch sie allein, dadurch aus der Reihe der übrigen heraus, dass er sie für primitiv und unmittelbar gegeben, weil dem Menschen an- und

---

[1]) Zeller, s. a. O. III, 1, 68. —
[2]) Zöckler, s. a. O. I, 104 ff. cf. 284.

eingeboren, eingeprägt, ja in den Mutterschooss, dem er entspringt, eingedrückt erklärt.[1]) Das mit der Gottesidee gesetzte Gottesbewusstsein denkt er sich in solcher Stärke vorhanden, so allgemein und tief eingewurzelt, dass es nicht nur bei Menschen unwillkürlich in Exklamationen und besonders himmelwärts gerichteten Anrufungen Gottes zum Durchbruch und Ausdruck komme (II, 3), sondern dass selbst Thiere, Pflanzen, ja Steine, wenn sie die Fähigkeit besässen, zu reden oder doch artikulirte Laute hervorzubringen, bezeugen würden und müssten, dass sie Gott als alleinigen Herrn des Alls erkennten (I, 33).

Allein die eben berührte Ausnahme steht, wie schon bemerkt, völlig vereinzelt da und ändert deshalb Nichts an dem Thatbestande, dass A. ein entschiedener Vertreter des Empirismus ist. Er erweist sich aber innerhalb dieses negativen Abschnitts als solcher in einer zwiefachen Beziehung: In seiner oppositionellen Stellung gegenüber der idealistischen Behauptung ursprünglicher Erkenntnissprinzipien, wie gegenüber der einen von Haus aus fertigen Erkenntnissinhalte der Seele.

1. Wir räumen ein, dass A. ein ausdrückliches Verwerfungsurtheil über die Annahme ursprünglicher Erkenntnissprinzipien nicht verfügt; gleichwohl können wir nicht umhin, in dem ganzen vom Ursprung der Erkenntniss handelnden Passus seiner Erörterungen einen Protest gegen die Auffassung des Idealismus zu sehen: Die Seele — diess der zwar unausgesprochene, aber un-

---

[1]) Auch Mercurius van Helmont hält allein von allen Ideen die Gottes für a priori gegeben (cf. Ueberweg III, 86), während z. B. Carneius neben ihr die Idee einer Natur, unserer Dinge u. s. w., als ebenfalls vorgefunden und ursprünglich, stehen lässt (cf. Ulrici, Gemeinlehre und Kritik der Prinzipien der unseren Philosophie. Leipzig 1865). —

longbar mit zum Grunde liegende Gedanke seiner Aufstellungen — kommt nicht zur Welt mit gewissen Kategorien oder sogenannten Sätzen des reinen Denkens (Leibnitz) oder mit allgemeinen Formen der Anschauung und des Verstandes (Kant), die, als Erstes und Ursprüngliches, die nothwendigen Voraussetzungen und Bedingungen, den unerlässlichen Unterbau alles Erkennens bildeten, sofern dieses erst auf Grund jener den Charakter der Zufälligkeit abzustreifen und den der von A. für unerreichbar erklärten (cf. unten) Allgemeinheit und Nothwendigkeit anzunehmen vermöchte. —

2. Ebenso wenig, wie ursprüngliche Erkenntnissprinzipien, lässt A. einen, angeblich von Geburt an fertigen, Erkenntnissinhalt gelten; und hier erklärt er der gegnerischen Ansicht offen den Krieg. Nach Plato[1]) werden die Seelen während ihres vorzeitlichen Daseins unterrichtet[2]), in diesem Unterrichte ihnen aber nicht bloss bestimmte Eindrücke, Begriffe, Vorstellungen (μνήματα) von dem intelligiblen Wesen der Dinge, von der Welt der ὄντως ὄντα (εἴδη), beigebracht, sondern auch sämmtliche Wissenschaften, die auf Erden getrieben werden, in fixer und fertiger Gestalt mitgetheilt und zugeeignet[3]).

Es gelingt unserem Autor, die Schneide seiner dialektischen Waffen gegen die mit dem Scharfblick eines geschickten Fechters erspähten Blössen dieser von Plato vorgetragenen Ansicht zu kehren, dadurch aber die Irr-

---

[1]) Tim. 41 E —
[2]) II, 19. —
[3]) Soulass sie (die Seelen) extensiv (disciplinis cum omnibus II, 19 cf. omnia scientes II, 26) wie intensiv (perfectas II, 26; scientias plenas II, 24) vollendet, in der Fülle eines aus einem göttlichen Geschlechte (was sie ja nach Pl. sind) zukommenden (II, 16) Wissens in den Weltzusammenhang eintreten.

thümer und Ungereimtheiten aufzudecken, an welchen sie krankt.

Wäre wirklich ein vorzeitlicher Ursprung der menschlichen Erkenntniss anzunehmen, kämen die Seelen inhaltlich erfüllt zur Welt, so forderte es die Logik der Sache, dass sie nicht wieder lernten und als Elementarschülerinnen, sondern vielmehr auf Grund des in ihnen aufgespeicherten Vorrathes von Kenntnissen lehrend aufträten (II, 26); sie müssten ferner von Anfang an ausnahmslos, und zwar im Sinne eines universalen Wissens, Gelehrsamkeit und Erudition zeigen: Es dürfte keine Generation in irgend einem Zweige der Kunst oder der Wissenschaft Unerfahrenheit offenbaren (II, 18): Nun sind aber sehr Viele nicht nur nicht gelehrt, sondern nicht einmal lernfähig, ja so stumpf und langsam, dass sie erst unter Anwendung von Gewaltmitteln zum Lerneifer genöthigt werden müssen (II, 19); es müssten weiter, die fragliche Voraussetzung zugegeben, sämmtliche Bewohner des Erdkreises einerseits, weil gleichmässig und gleichförmig unterrichtet (II, 19), Einen Intellekt zeigen (II, 37) und sich auf Einunddasselbe verstehen (II, 15), andrerseits, da Eine Wahrheit ihr Ausgangspunkt (ab una veritate venientes II, 19), mit innerer Nothwendigkeit sich in vollkommenster Uebereinstimmung befinden nach Seiten ihres Ideen- und Anschauungskreises (II, 15. 37), wie nach Seiten ihrer Sitten und Gebräuche (II, 37): Allein, den ersteren Punkt anlangend, der Wievielste ist denn ein Grammatiker, Dialektiker, Musiker u. s. w. (II, 19)? Und, was den zweiten betrifft, so bezeugt ein Blick in die Wirklichkeit zur Genüge, dass, soviele Menschen die Erdenfläche trägt, so unendlich der Macherlei ihrer Meinungen ist, dass es weder auf theoretischem, noch auf praktischem Gebiete einen Grundsatz giebt, der allgemein zugestanden und befolgt, eine Ansicht, die allgemein anerkannt und getheilt würde (II, 15); es müssten endlich, wenn die Seelen wirklich in der oben¹) näher ausgeführten Vollendung zu den Körpern geflogen kämen (II, 22. 24 ö.), selbst an einem Menschen, der von Geburt an in der tiefsten Abgeschlossenheit und Einsamkeit gelebt, von dem man mit geflissentlichster Absichtlichkeit jegliche Sinneneindrücke fernzuhalten sich bemüht hätte²), unbedingt wenigstens bedeutsame Spuren von Erkenntnis bemerkbar sein. Allein A. ist überzeugt, dass ein solcher Mensch, auch wenn er erst nach einer noch so langen Reihe von Jahren an das Licht der Oeffentlichkeit hervorträte, selbst über die primärsten, naheliegendsten und elementarsten Dinge (cf. II, 22) in einem Zustande der robesten Unkenntnis und Unerfahrenheit, ja richtiger Stupidität und steinerner Stumpfheit, erfunden werden würde: Gesetzt, es redete ihn Jemand an, so würde er die Absicht desselben gar nicht verstehen, nicht wissen, ob derselbe mit ihm oder einem Anderen spräche, ob seine Worte wirkliche Rede oder blosser Hall der Stimme seien: Kurz, er würde die hässlichste und unwürdigste Karikatur eines Menschen der Wirklichkeit darstellen, der ja, wie A. offenbar aus Plato und Aristoteles³) weiss, ein Mikrokosmos sein, in dem sich die Totalität aller besonderen Bestimmtheiten des Universums und der in [diesem niedergelegten Gedanken und Kräfte reflektiren und zur Erscheinung kommen soll (II, 25).

Wir sehen: Schritt für Schritt gewinnt A. der Annahme eines ausserseitlichen Ursprungs der menschlichen Erkenntnis das Terrain ab, und wir können nicht umhin, die Art, wie er es thut, für triftig und schlagend zu halten.

---

¹) Cf. Seite 44. Anm. 3.
²) Das Nähere über diese Fiktion, auf welche in der neueren Philosophie La Mettrie zurückgreift cf. später. —
³) Plato (Tim. 90) u. Aristoteles (cf. Brandis, s. a. O. I, 527).

b. Allein er lässt es bei den bisher geltend gemachten Momenten nicht bewenden: Er richtet seine Angriffe auch gegen die Lehre, mit welcher Plato die, im Vorstehenden entwickelten, ungelösten Schwierigkeiten seines idealistischen Standpunktes zu heben und zu beseitigen sucht, gegen die Lehre, dass die Seele im Momente ihres Welteintritts in einen Zustand der Vergessenheit gerathe und infolgedessen genöthigt sei, von Neuem zu lernen, was sie ehedem schon so gut gewusst, wie sie es bei aller Mühe später niemals wieder lernen könne.¹) Die Ursache aber des von ihm statuirten Vergessens findet Plato in der Vermischung der Seele mit dem Körper begründet, kraft deren die letztere nahezu unempfindlich (II, 28) werde, und ihr in der Präexistenz geführtes reines Vernunftleben bis zur Bewusstlosigkeit sich trübe und entstelle. Gegen diese Auffassung erhebt nun A. den nachdrücklichsten Einspruch, wenn er auch einen gewissen die Erkenntniss beeinträchtigenden Einfluss der körperlichen Bande keineswegs leugnet, wie sonnenklar daraus erhellt, dass er einerseits den Zustand Jenes in stummer Einöde Aufgewachsenen unter den Gesichtspunkt eines *nexibus eximi nodis corporeis* stellt (II, 26), andererseits die Befreiung aus den Fesseln des Körpers einer Flucht aus finsterem Dunkel gleichachtet (II, 70). Er giebt aber seinem Proteste, verstehen wir ihn recht, eine vierfache Gestalt:

α. Wenn Plato behauptet, dass die Seelen ein Vergessen erleiden, so setzt sich diese Behauptung sowohl zu der von ihm verfochtenen Unkörperlichkeit, wie zu der Unvergänglichkeit und Einfachheit derselben, in schroffsten Widerspruch: Wären sie unkörperlich, so könnten sie, selbst von den dichtesten körperlichen Banden umschlungen, unmöglich eine, wenn auch

---

¹) Rep. X, 621 B. Tim. 43 B ff. Phädon 76 C.

nur zeitweilige, Behinderung in dem Gebrauche ihrer Gedächtnisskraft, unmöglich ein Zurücktreten ihrer im vorirdischen Dasein empfangenen Eindrücke erfahren (II, 26)[1]); wären sie unvergänglich und einfach, so müssten sie unbedingt ihre volle Integrität bewahren, dürften also auch keinesfalls, in welcher Art und in welchem Masse es auch sein möchte, ihr ursprüngliches Wissen verlieren: Denn, was unvergänglich und einfach ist, muss, in welchem Verhältnisse es sich auch befinden möge, nothwendig seine Natur beibehalten d. i. es darf und kann schlechthin Nichts erleiden, wenn es anders seinerseits, soviel an ihm liegt, dafür sorgt, dass es dauernd bleibt (II, 27). Plato spricht sich mithin selbst das Urtheil, sofern er sich selbst, seine eigne Theorie kreuzend, vernichtend widerlegt. —

β. Allein er verwickelt sich noch in weitere Widersprüche: Trüge der Körper wirklich die Schuld jenes Vergessens, käme den Seelen infolge ihrer Vereinigung mit demselben ihr ursprünglicher Erkenntnissgehalt abhanden, so dürften sie nach geschehenem Vollzug des Vereinigungsaktes unbedingt auch das nicht wissen, dass sie einst hochgelehrt gewesen, aber durch Annahme irdischer Hüllen dieser Gelehrsamkeit verlustig gegangen seien.

Nun ist es aber am Tage, dass sie dies wissen; zu wissen jedoch, was man einst gewusst und dermalen nicht ist, ist nicht Merkzeichen eines entschwundenen Gedächtnisses, sondern im Gegentheil der klarste und unwidersprechlichste Beweis seiner thatsächlichen Erhaltung: Folglich kann der Körper unmöglich ein Hinderniss früheren Wissens, geschweige die Ursache des gänzlichen Verlustes seines Gebrauches sein (II, 28). —

---

[1]) Cf. oben die Gründe für die Körperlichkeit der Seele (II III, 1, 2). —

γ. Zu dem nämlichen Resultat führt folgende Erwägung: Verlören die Seelen schon bei ihrem Eintritt in den Körper die Anschauungen ihres vormaligen Daseins, so müssten sie das, was sie innerhalb ihres diesseitigen Daseins gethan oder gelitten, gesprochen oder gehört haben, erst recht vergessen: Nun bewahren sie aber, obwohl von den dichtesten körperlichen Banden umschlossen, erfahrungsgemäss beharrlich und treu *(pertinaciter et fideliter)* Thaten, Worte und Erlebnisse, die in die fernste Vergangenheit zurückreichen: Sonach wäre der Körper die Ursache zweier sich geradezu entgegengesetzter Wirkungen, insofern er bei dem Eintritt der Seele in ihn eine Betäubung und Trübung des Gedächtnisses herbeiführte, nach Vollzug jenes Eintritts aber demselben völlig freies Spiel- und Bethätigungsraum gewährte (II, 28): Allein diess ist rein undenkbar und streitet gegen jede gesunde Logik. —

δ. Die Unhaltbarkeit seiner Theorie des Vergessens beweist Plato endlich selbst dadurch, dass er über den eigentlichen Charakter[1]) jenes durch angeblich übermächtigen Einfluss des Körpers herbeigeführten Prozesses nicht näher Rede und Antwort zu geben weiss, während man doch in Anbetracht des Gewichtes, welches er ihm beimisst, billig gründlichere Aufschlüsse erwartet. —

ε. In und mit der Lehre von einem Vergessen Seitens der Seele fällt zugleich die sogenannte Reminiscenztheorie Platos. Nerv und Pointe dieser Theorie liegt darin, dass die Seele, um das Vergessene von Neuem zu lernen, nur durch einen äusseren Anlass zur Selbstbesinnung auf die einst aktuell in ihr vorhandene, jetzt

---

[1]) Diese der Gedanke des quemadmodum dicitis? (II, 28) d. i. trotz aller Versicherungen der Thatsache jenes Vergessens bleibt doch ihre psychologische Vermittlung ein Räthsel, da sich die bescheidensten Versicherungen sämmtlich als nicht zutreffend und daher auch nicht zulässig erweisen.

schlummernde, Begriffswelt gebracht, nur wiedererinnert zu werden brauche an das, jenseits in Form der Ideen geschaute, intelligible Wesen der Dinge, dass mithin alles Lernen und Forschen Nichts sei, als eine Erinnerung an bereits Gelerntes, als eine Reproduktion von früher Erworbenem, als ein Wiederauffrischen und Wiederbeleben der halberloschenen Züge und halbverwischten Spuren der im vorirdischen Dasein empfangenen Eindrücke.[1]) Um diese einen integrirenden Bestandtheil seines Systems bildende Hypothese zu stützen, beruft sich Plato auf einen Versuch des Sokrates, bei einem Pagen des Menon auf arithmetischem Wege nach etwas Abhandengekommenem zu forschen[2]); allein damit thut er einen Schritt, der dem von ihm verfolgten Zwecke gar nicht dient: Denn gesetzt auch, der Knabe gäbe wirklich Antworten und fände sich, wie behauptet wird, leicht zurecht, so wäre damit noch Nichts bewiesen für das angebliche Faktum, dass er jenen Weg früher selbst schon einmal durchgemacht habe, für das Faktum in ihm latenter und infolge der sokratischen Anleitung zu Tage geförderter Kenntnisse; er antwortete vielmehr kraft einer gewissen Reflexion, wie sie durch das ihm entgegentretende Verfahren einer die ganze Antwort bereits *impliciete* in sich schliessenden, überdiess methodisch gehandhabten und schritt- und stufenweise durchgeführten, Fragstellung nicht nur nahe gelegt, sondern fast abgenöthigt werde, so zwar, dass der Beitrag, den der Knabe selbstthätig zur Lösung des aufgestellten Problems liefert, gar nicht in Betracht kommt im Verhältniss zu der durch Sokrates gebotenen Hülfleistung (II, 24).[3]) —

Mit der Zerstreuung des die eben dargestellte Reminis-

---

[1]) Menon 61 D. E. 85 D. cf. Brandis, a. a. O. I, 287 ff. 32f.
[2]) Menon 82—85, —
[3]) In seinem über die platon. Reminiscenztheorie ergehen-

cenztheorie immerhin umgebenden Nimbus der Genialität hat die gegen den platonischen, wie überhaupt gegen den Idealismus, gerichtete Polemik des A. ihr Ziel erreicht: Es ist ihr in der That gelungen, jeden Versuch, den Ursprung der menschlichen Erkenntniss von der Idee eines im Präexistenzzustande den Seelen ertheilten Unterrichtes aus, d. i. als einen ausserzeitlichen bestimmen und diesen Standpunkt rechtfertigen zu wollen, zur prinzipiellen Unmöglichkeit zu stempeln. Und so fährt uns denn die negative Seite des arnobianischen Empirismus zurück zu der, schon von den Stoikern[?]) ausgesprochenen, in der neueren Philosophie von Hobbes und Gassendi, entschiedener von Locke und Condillac, am konsequentesten von La Mettrie durchgeführten[2]) Ansicht, dass die Seele in die Welt eintritt als ein an und für sich dunkler Raum, als eine unbeschriebene Tafel, als ein leeres Blatt Papier.

Es entsteht nun die Frage, wie in diese von Haus aus unbeschriebene Tafel *(tabula rasa)* die Schriftzüge eingetragen und eingegraben, wie in den an sich dunklen Raum der Seele die Lichtstrahlen der Erkenntniss hineingebracht werden. Antwort auf diese Frage geben die nun zur Sprache kommenden positiven Aufstellungen des A. in Betreff der Genesis des menschlichen Erkenntnissgehaltes.

II.

1. Es ist gewiss nicht zufällig, dass A. das sinnliche *inseri* dem Zusammenhange nach in der Bedeutung von

---

den Urtheile begegnet sich A. s. B. auch mit Augustin (de quant. an. 20). —
[1]) Zeller, a. a. O. III, 1, 66. 67. —
[2]) Ulrici, Gesch. u. Kritik der Prinzipien der neueren Philos. (Leipzig 1846) p. 11. ff.

„Erwägen", „Bedenken" (II, 33), *videre* im Sinne von „Einsehen, Erkennen, Begreifen" (II, 6. 39 &.), überdiess auch äusserlich in engster Verbindung mit *cognoscere* (II, 51. IV, 13), *conspicere* endlich einfach identisch mit *intelligere* (I, 13) gebraucht; im Gegentheil deutet schon diese sprachliche Eigenthümlichkeit die Richtung an, in welcher sich hier der gesammte Gedankenkreis unseres Autors seinem empirischen Grundcharakter gemäss bewegt. Allein sie genügt nicht, um uns sichere Schritte thun zu lassen; sie ist an und für sich noch nicht zwingend.

2. In den wahren und eigentlichen Mittelpunkt jenes Gedankenkreises dringen wir nur, und zwar direkt und unfehlbar, ein durch einen Rückgriff auf die oben von A. als Argument benutzte, von La Mettrie ausgebeutete, nach Lange[1]) übrigens auch der Condillac'schen Menschenstatue als Urbild zu Grunde liegende, Fiktion eines decenniculang in tiefster Abgeschlossenheit gehaltenen Individuums. Er führt dieselbe näher dahin aus, dass er ein leeres, von schwach-düsterem Lichte beleuchtetes, nicht direkt, sondern nur auf Umwegen und überdem nur für den äussersten Nothfall, zugängliches Erdgeschoss (II, 20) fingirt und innerhalb desselben jenes problematische Individuum unter dem Genuss immer einer und derselben, natürlich primitivsten, Nahrungsweise aufwachsend denkt (II, 21). Der bei dieser Fiktion ihn leitende Gedanke ist offenbar ein zwiefacher: Einmal der, dass das besagte Individuum unter den bezeichneten Voraussetzungen nicht in der Lage sei, irgend welche Körper mit den Händen zu berühren (Tastsinn), ihre eventuellen Farben und Gestalten (Gesichtssinn), bezeichentlich von ihnen ausgehende Töne und Schallwellen in sich aufzunehmen (Gehörsinn), endlich ausser

---
[1]) Lange, Geschichte des Materialismus p. 171.

der ihm absichtlich nie variirt gebotenen Nahrung sich von dem Geruch oder Geschmack irgend welcher Stoffe (Geruch- und Geschmackssinn) zu überzeugen, kurz wahrzunehmen.

Mehr im Hintergrunde, als dieser, steht der andere Gedanke, dass jenem Individuum, hätte der Idealismus Recht, an und für sich die Möglichkeit nicht verschlossen sein könnte, in absoluter Spontaneität von allem Empirischen schlechthin abgezogen, durch keine Objektivität bedingte d. i. reine Konceptionen zu fassen, dass es ihm beispielsweise durch das Fehlen ihn umgebender Gegenstände und auf ihn wirkender Erscheinungen sogar nahegelegt sei, sich um so mehr über sich selbst, seine eigne Herkunft, Heimath, physische Entwicklung u. s. w. (cf. II, 22) Vorstellungen zu bilden.

Aus dem ersteren der angeführten Gedanken zieht nun A. eine hochwichtige Konsequenz und fixirt damit zugleich den Standpunkt, welchen er zu jener im Sinne des Idealismus angenommenen Möglichkeit einnimmt: Beides aber bringt er in der Behauptung zum Ausdruck, dass jenes Individuum im Augenblicke seines Hervortretens an das Licht der Oeffentlichkeit im Zustande einer alle Begriffe übersteigenden Unwissenheit, überhaupt in einem Zustande absoluter geistiger Leerheit, mit einem Worte als ein Wesen sich erweise, welches vom Menschen Nichts weiter, als die Gestalt und physische Organisation trage, im Uebrigen aber einem Thiere ähnle (II, 25).[1])

Diese folgenschwere Behauptung wirft auf die gesammte positive Seite der arnobianischen Doktrin über den Ursprung der menschlichen Erkenntniss ein ent-

---
[1]) Nullo meliore pecore cf. die Ausführungen Condillacs über die durch eine Marmorhülle gegen die Aussenwelt abgeschlossen gedachte Seele.

scheidendes Schlaglicht. Wir können auf Grund derselben die Position unseres Autors zusammenfassend mit dem Satze charakterisiren, dass die Seele, unfähig, ohne Beziehungen zur Aussenwelt ihren Inhalt selbstthätig aus sich heraus zu gewinnen, vielmehr alle Erkenntniss d. i. ihre gesammte Begriffs-, Vorstellungs- und Ideenwelt nur durch Vermittlung des sinnlichen Lebens erhalte, ohne diese aber aller Erkenntniss schlechthin baar ist.

3. Suchen wir uns diese Auffassung, welche in der Sensation die letzte, eigentliche und einzige Quelle aller Erkenntniss sieht, noch etwas näher zu vermitteln.

Sie ruht auf der stoischen[1]) Voraussetzung, dass die äusseren, materiellen Objekte und Erscheinungen die Kraft in sich tragen, auf die Sinnesorgane einzuwirken. Die Wahrnehmung (Perception) selbst entwickelt sich nach ihr so, dass diese Kraft sich aktualisirt d. i. jene Objekte und Erscheinungen eine Affektion des sinnlichen Apparats hervorrufen, und die so afficirten Sinne die empfangenen Bilder und Eindrücke der Seele zuführen: Aus der Wahrnehmung nun, oder, sofern der Inbegriff sinnlicher Wahrnehmungen nach philosophischer Terminologie sich als Erfahrung bezeichnen lässt, aus Erfahrung geht ihrem Stoffe nach alle Erkenntniss hervor, leitet, was ihre Substanz anlangt, die ganze unsere Seele erfüllende Gedanken- und Begriffswelt ihren Ursprung her, empfangen endlich sämmtliche psychische Funktionen und Prozesse die sie bedingenden und beschäftigenden Objekte, so zwar, dass nicht bloss eine, unabhängig von aller Erfahrung, durch reines Denken erzeugte, sondern auch

[1]) Zeller, a. a. O. III, 1, 65.

solche Erkenntniss ausgeschlossen ist, deren Materie angeblich theils aus spontaner Selbstthätigkeit der Seele, theils aus sinnlicher Wahrnehmung stammt.

In diesen durchaus empirischen Gedankenbau greift auch die gelegentlich auftauchende Idee eines sogenannten inneren Urtheils (*judicium interius* VII, 30) nicht störend ein: Denn A. versteht unter demselben allen Indicien nach weder ein angebornes, ursprünglich eingepflanztes, Wahrheitsgefühl, einen Wahrheitsinstinkt, wie ihn z. B. Cicero[1]) zum Gemeingut der Menschheit macht, noch ein durch reine Selbstthätigkeit der Seele erworbenes Urtheilsvermögen, sondern, entsprechend der stoischen Theorie von den κοιναὶ ἔννοιαι[2]), die durch Welterfahrung und Menschenkenntniss bedingte Fähigkeit, fremden Behauptungen kraft des gesunden Menschenverstandes mit unfehlbarer Bestimmtheit anzumerken, ob sie auf Wahrheit beruhen oder nicht.[3])

Mit der im Vorstehenden gegebenen Zeichnung haben wir die Grundzüge des arnobianischen Empirismus entwickelt: Wir müssen uns wohl hüten, ihn falsch zu beurtheilen, ihm etwa einen extremen Charakter unterzuschieben: A. sagt nicht, dass die augenblickliche sinnliche Wahrnehmung, als solche, schon Erkenntniss sei, sondern nur dass, die Substanz aller Erkenntniss lediglich aus der Wahrnehmung erwachse und in diesem Sinne allerdings die Wahrnehmung resp. Erfahrung die einzige und eigentliche Quelle der Erkenntniss sei. —

[1]) Zeller, a. a. O. III, 1, 584. —
[2]) Zeller III, 1, 68. —
[3]) Cf. p. 5. Anmkg. 2 und den bezüglichen Text.

Ist es somit die menschliche Erkenntniss überhaupt, welche in der Erfahrung wurzelt, so gilt dieses in speziellem Sinne von der Form derselben, welche in der Wissenschaft als solcher ausgeprägt vorliegt; und sofern diese spezielle Form der Erkenntniss, im Unterschiede von der Erkenntniss im Allgemeinen, nach der Anschauung des A. unter einer besonderen Modifikation aus der Erfahrung abgeleitet ist, so glaubten wir neben dem Ursprung der menschlichen Erkenntniss noch ausdrücklich von einem Bildungsprozesse derselben reden zu dürfen: Auch die Wissenschaften sind nicht vom Himmel herab und der Menschheit, wie eine reife Frucht, in den Schooss gefallen, sondern ebensowenig von Haus aus fertig vorgefunden worden, als die Thiere ihre Geschicklichkeiten (II, 17) geschenkweise erhalten haben (II, 18): Sie sind vielmehr sämmtlich auf Erden entstanden (II, 18. 19). Die Frage ist nur die, wie dieses geschehen sei. Die Antwort des A. auf diese Frage liefert der folgende Paragraph.

§ 9.
Der Bildungsprozess der menschlichen Erkenntniss.

Wir begreifen mit dieser Ueberschrift ein Zwiefaches: Erstens den Prozess, welchem wir nach der Ansicht des A. die fundamentalen Anfänge wissenschaftlicher Erkenntniss verdanken; zweitens den Prozess, in welchem die so entstandene Erkenntniss zum habituellen Besitze des Einzelnen gemacht wird.

1. Den ersteren betrachtet A. als einen ebenso langwierigen wie überaus mühsamen.

1. Er hat sich zunächst nicht im Handumdrehen, im Sturmschritt, in der kurzen Spanne weniger Wochen vollzogen: Er ist mit einer alle Vorstellung überbietenden Langsamkeit vor sich gegangen, nur ganz unmerklich und allmählich *(paulatim)* mit dem Fortschreiten der Zeiten *(cum processu temporum)*, um erst nach einer langen Reihe von Jahren *(plurimis temporibus)* zu einem gewissen Abschluss zu gelangen (II, 18).

2. Aber auch schwere Mühe und harte Arbeit hat jener Prozess gekostet:

In den Weltzusammenhang eingetreten, war der Mensch der Gefahr preisgegeben, entweder zu verhungern oder im Kampfe mit den Elementen (mit den widrigen Einflüssen des Bodens, der Witterung, des Klimas) zu erliegen; es war mithin die Frage der Existenz, vor die er sich gestellt sah, das nächstliegende und drückendste Bedürfniss, das Bedürfniss nach dem Unentbehrlichsten[1]), welche ihm den Impuls gaben, die ihn umringende Aussenwelt hauptsächlich zu dem Zwecke nach allen Richtungen zu durchforschen, um Nahrungs- und sonstige Hülfsquellen zu erspähen; kein Wunder, dass er, wo sich ihm vermöge eines glücklichen Zufalls und auf bequeme Weise solche eröffneten, sich sofort eine Reihe von Ideen darüber bildete, wie diese natürliche Art der Produktion auf künstlichem Wege nachzuahmen sein möchte *(eam imitatur sc. vita)*, und, um die Probe für die Richtigkeit der gefassten Ideen zu machen, allerhand Experimente und Versuche anstellte *(experitur et temptat)*. Allein diese Versuche führten grösstentheils entweder zu gar keinem Ziele, sie misslangen *(labitur)*, oder sie erwiesen jene Ideen als irrig, ihre Anwendung als verfehlt, sodass das bis dahin eingeschlagene Verfahren immer und immer wieder Reformen und Abänderungen *(reformat, immutat)* unterstellt, kurz stetig und beständig verbessert werden musste *(ex assidua reprehensione* II, 18), bis schliesslich nach Erschöpfung zahlloser Irrwege das Richtige und Zweckmässige gefunden war, das sich dann durch seinen

[1]) II. 16

offenbaren Werth erhielt und in bleibenden Gebrauch kam (II, 18).

Es steht hiernach unwiderleglich fest, wie die Theorie des Bildungsprozesses wissenschaftlicher Erkenntniss nach A. zu fassen ist: Dadurch, dass der Mensch seine Ideen, wie die Methode ihrer praktischen Anwendung, auf jeder Station seiner Entwicklung von Neuem in ihrer Unzulänglichkeit, Unhaltbarkeit, Undurchführbarkeit kennen lernte, sich daher getrieben und gedrängt sah, im Interesse der Befriedigung seiner Bedürfnisse, um der Noth zu entfliehen, mit gesteigerter Kraftanstrengung zu arbeiten, immer tiefer und gründlicher zu forschen: vervollkommnete er sich, bereicherte er sich immer mehr mit Kenntnissen, um schliesslich zu wirklichen Wissenschaften sich emporzuschwingen. Von hier aus begreifen wir das Recht, mit welchem A. die letzteren nicht bloss schlechthin als an der Hand der Forschung entstanden *(exquisitae cf. natae)* und durch Meditation gewonnen *(meditatione conflatae)* sein lässt (II, 18), sondern vor Allem als Erfindungen der bittersten Nothdurft *(pauperrimae necessitatis inrentia* II, 19) bezeichnet, einer Nothdurft, wie sie theils in örtlichen, theils in zeitlichen Beziehungen begründet liege (II, 19): Ja wir könnten, wenn wir die entwickelten Gedanken nicht aus der Feder eines A. geflossen wüssten, fast versucht sein, hier Spuren darwinistischer Ideen niedergelegt zu finden.

II. Nachdem es so die riesenhafteste Arbeit der Menschheit zu Wissenschaften gebracht, braucht der Einzelne den mühsamen Prozess, in welchem dieses Ziel erreicht wurde, nicht selbst von vorne wieder durchzumachen: Er tritt vielmehr in das ihm gewordene Erbe ein. Der Weg, auf welchem dieser Eintritt erfolgt, d. i. jene Schöpfungen des Menschengeistes individuell zu- und angeeignet werden, ist der Weg des Unterrichts (II, 25): In der Schule, zu den Füssen unterweisender Lehrer lernt der Einzelne das, zu dessen Vollendung die Arbeit von Jahrhunderten gehört hat *(hic nata addiscimus* II, 19 cf. 18), gleichviel ob er in die Wissenschaft eingeführt und zum Gelehrten gemacht *(doctus)*, oder ihm Geschick *(prudens)* und Erfahrenheit *(peritus)* in Künsten und Metiers beigebracht wird. Wenn A. dem Unterrichte, als solchem, ausdrücklich zugleich ein erzieherisches[1]) Moment zuweist, wenn er ihn nicht bloss auf die Erkenntniss wirken, sondern auch den Willen beeinflussen lässt, so ist diess nur eine Konsequenz theils seiner Anschauung, dass alles Lernen ein Lernenwollen *(discendi studium* II, 19) d. i. ein gehorsames Hören und Sichsagenlassen voraussetzt, theils der später genauer zu beleuchtenden Auffassung, dass alles Wissen wesentlich Sache des Gedächtnisses, dieses aber nur der auf Festhaltung des von der Seele gewonnenen Erkenntnissinhalts gerichtete Wille ist (II, 51).

Auch hier übrigens rückt A. das Thier hart an den Menschen heran: Er denkt sich die menschliche Entwicklung nicht anders, als so, wie etwa der Stier durch Uebung und unter der Zucht eines bestimmten Zwanges pflügen und mahlen, das Pferd sein Joch tragen und die Wendungen im Laufe verstehen lerne (II, 25)[2]) u. s. w. —

Von dem Ursprung und Bildungsprozess der menschlichen Erkenntniss, wie sie uns in den beiden letzten Paragraphen entgegentraten, schreiten wir nun zum Wesen der Erkenntniss fort.

---

[1]) II, 19, wo er von einem *ad discendi studium* cogi *plagarum coërcitione* spricht.
[2]) Cf. dazu II, 16, wo grundsätzlich Alles betont wird, was der Mensch mit dem Thiere gemein hat, damit beide auf gleicher Stufe stehend betrachtet werden können: A. will überhaupt Nichts von einer privilegirten Stellung des Menschen wissen (cf. die entgegengesetzte Ansicht Gregor's von Nyssa in seiner Schrift über „den Bau des Menschen" Zöckler a. a. O. p. 201).

Fünftes Kapitel.
§ 10.
Das Wesen der menschlichen Erkenntniss.

1. Figurirte innerhalb des vorigen Kapitels das Wort „Erkenntniss" in der Bedeutung des die Seele erfüllenden Inhaltes, so wird es im vorliegenden so gebraucht, dass es den Akt, die Thätigkeit, die Funktion des Erkennens bezeichnet. Das Wesen dieses Aktes werden wir begreifen, wenn wir ihn in seinem Wechselverhältniss mit dem Akte des Wahrnehmens zu erfassen suchen.

1. A. spricht sich über das letztere, wenngleich nur andeutend aus; die Stelle, an der er es thut, lautet: *Scire est illud, quod ipse tu videris aut cognoveris, animo continere* (II, 51). Mit der stärksten disjunktiven Konjunktion, die ihm zu Gebote stand, trennt hier A. das (offenbar in der allgemeineren Bedeutung des sinnlichen Wahrnehmens[2]) stehende) *videre* und *cognoscere*: Er sieht also in jedem von beiden Akten eine besondere Verhaltungsweise der Seele, lehrt mithin *implicite*, einerseits, dass das Wahrnehmen an sich noch kein Erkennen ist[2]), andrerseits, dass das Erkennen nicht blosses Wahrnehmen ist, in ihm nicht aufgeht, nicht den Charakter einer modificirten Empfindung, etwa, wie beispielsweise der französische Materialismus des vorigen Jahrhunderts meinte (Holbach, Mettrie), einer von den Sinnesorganen bis zum Gehirn fortgesetzten Erschütterung trägt. Diese scharfe Unterscheidung stellt ausser Frage, dass A., wie schon ein Empedokles,

---
[1]) Cf. Orellis Anmerkung zu I, 88. —
[2]) Ganz im Sinne der Stoa cf. Zell. a. a. O. III, 1, 70.

Anaxagoras, Demokrit[1]), das Wahrnehmen als eine niedere, das Erkennen als eine höhere Verhaltungsweise der Seele betrachtet, in jenem mit Plato[2]) ein Leiden, einen passiven Aneignungsprozess, ein receptives Aufnehmen der von Aussen kommenden Bilder und Eindrücke, in diesem ein aktives Verhalten der Seele erblickend.

1. Es ist nun bemerkenswerth, dass sich A. über das Wesen des letzteren nirgends ausdrücklich verbreitet. Wir glauben daraus schliessen zu müssen, dass *cognoscere* ihm Gesammtbezeichnung der Operationen ist, welche unsere Seele mit den durch Vermittlung der leiblichen Organe empfangenen Eindrücken vornimmt, sei es, dass sie auf das denselben Eigenthümliche aufmerkt (reflektirt), sei es, dass sie das ihnen Gemeinsame[3]) d. i. ihre allgemeinen und nothwendigen Bestimmtheiten aus dem Uebrigen heraushebt (abstrahirt), kurz dass alles Erkennen auf ein formales Verarbeiten des empirisch Gewonnenen hinausläuft.

3. Allein zu diesem Verarbeiten gesellt sich noch ein weiteres, für die arnobianische Ansicht vom Wesen des Erkennens charakteristisches, Moment. Wenn A. nämlich nicht nur die Verbalbegriffe *cognitum habere* und *creditate duce adseverare* (II, 10), sondern auch die substantivischen *cognitio* und *suspicio* (II, 51) auf's Schroffste einander gegenüberstellt, so können wir nicht umhin, darin den Gedanken ausgesprochen zu finden, dass Erkennen ein Verarbeiten des empirisch Gewonnenen ist,

---
[1]) Cf. Petpers, die Erkenntnisstheorie Platos mit bes. Rücksicht auf den Theätet untersucht (Leipzig 1874) p. 42. —
[2]) Peipers, a. a. O. p. 177. —
[3]) Ganz analog Plato: συλλογισμός περί τῶν παθημάτων (Peipers, a. a. O. p. 268).

verbunden mit der Ueberzeugung von der objektiven Gewissheit des so Angeeigneten.¹)

II. Eng mit dem Wesen des Erkennens hängt nach der oben als Operationsbasis benutzten Stelle das des menschlichen Wissens zusammen. Wissen heisst nach der dort aufgestellten Definition: In der Seele zusammenhalten, was man gesehen oder erkannt hat (II, 51)²). Zwei Punkte finden wir in dieser Definition bemerkenswerth: Sie zeigt einerseits, dass das Wissen nicht bloss auf den, bereits zu bestimmten Vorstellungen gestalteten, begrifflich vermittelten, sondern auch auf den in Form der Perception in der Seele vorhandenen Erkenntnisstoff sich bezieht; andrerseits liegt es auf der Hand, dass die angeführte Definition nicht so verstanden sein will, als ob die Seele beim Wissen rein passiv bliebe und als blosses Reservoir des Wahrgenommenen, beziehentlich Erkannten, fungirte: Nach der Auffassung des A. vollzieht sie vielmehr in und mit dem Wissen einen wirklichen Akt, indem sie das durch die Sinne gebotene und formal verarbeitete Material in sich selbst (sc. in der Seele) zusammen und eben damit fest d. i. lebendig gegenwärtig hält und vor Entschlüpfung bewahrt. —

In diesem und in dem vorigen Kapitel haben wir den durchaus empiristischen Charakter der arnobianischen Erkenntnislehre zu vergegenwärtigen gestrebt. Wenn wir nun jetzt zu dem dritten Kardinalpunkt dieser Erkenntnislehre fortschreiten, so müssen wir von vornherein konstatiren, dass er nur eine mit meisterhafter Folgerichtigkeit gezogene Konsequenz jenes Empirismus ist d. i. darin gründet, dass, da die Erfahrung die

---
¹) Cf. das letzte Kapitel der Abhandlung.
²) Ganz nach Analogie des Grundsatzes: Tantum scimus, quantum memoria tenemus.

einzige Quelle der Erkenntniss, auch für den Menschen Nichts existirt jenseits des unmittelbar Wahrnehmbaren.

Sechstes Kapitel.
Die Schranken der menschlichen Erkenntniss.

A. giebt der Frage von Haus aus eine praktische Wendung, indem er die Selbsttäuschungen bekämpft, in welchen sich der Mensch trotz seiner Impotenz (I, 38. II, 33. 47) im Stolze eines aufgeblähten Sinns zu Wissensdünkel verführen lässt, wie er entweder den substantiellen Umfang einer angeblichen Erudition oder die Form eines vermeintlichen Erkennens zur Basis nimmt (II, 7)¹). Und so weist er denn die Schranken der menschlichen Erkenntniss als Schranken ihres Umfangs und als Schranken ihrer Form nach.

§ 11.
Der Umfang der menschlichen Erkenntniss.

Wenn sich hier eine die Grenzen der Erkenntniss überaus eng ziehende Kritik vor unseren Augen entfaltet, so richtet sich dieselbe nicht gegen alle, sondern wie aus einer Vergleichung von II, 7 und II, 63²) klar hervorgeht, nur gegen die ausserhalb des Umkreises der Offenbarung stehende d. i. rein natürliche Erkenntniss. Dabei verfährt sie theils mehr im Allgemeinen, theils geht sie auf bestimmte Gebiete spezieller ein.

---
¹) Besonders charakteristisch sind in dieser Beziehung zwei Stellen: II, 6 u. II, 8.
²) Quid scire per nos possumus? (II, 7) cf. potestis scire, id. quod Christo potuit docente cognosci (II, 62) und I, 38.

I.

Was die erstere Seite anlangt, so betont sie, dass der Mensch trotz des angestrengtesten Strebens sich nur eine äusserst winzige[1]) Erkenntniss erwerbe, dass er Nichts wisse über die Natur der höchsten und niedrigsten Dinge (II, 6) und, selbst wenn alle Zeitalter auf Forschungen verwandt würden (II, 7), doch nicht im Stande sei, den über die Geheimnisse des Seins ausgebreiteten Schleier zu lüften; sie thut es mit der sichtlichen Tendenz, dass der Mensch seine Unwissenheit rückhaltlos bekennen (II, 51) und daher von jedem Versuch einer Enträthselung des einmal nicht zu Enträthselnden abstehen soll.

II.

Im Besonderen aber weist sie die Schranken des Umfangs der menschlichen Erkenntniss in metaphysischer, kosmologischer und anthropologischer Beziehung nach.

1. a. Auf Grund der dem Menschen bei seiner Geburt eingesenkten Gottesidee fällt das Dasein, die absolute Vollkommenheit und Güte, aber auch die sonstige absolute Unbestimmtheit Gottes in das Bereich der natürlichen Erkenntniss[2]): Der Mensch weiss es selbst, dass abgesehen von diesen an dem Besitze der Gottesidee haftenden Momenten über die Persönlichkeit *(quis sit)*, über das Wesen desselben *(quid sit)*, über die quantitativen und qualitativen Bestimmtheiten dieses Wesens *(quantus et qualis)*, Nichts feststellbar ist (I, 38 coll. II, 74)[3]).

---

[1]) II, 10 *parvas scientiolas conciunavit* (sc. vita): Den Begriff des „Winzigen" drückt A. hier zwiefach aus, theils durch das Attribut, theils durch die Diminutivform des Substantivs.

[2]) I, 33 cf. 31; II, 46. 56. 6. 59. III, 19. 13. —

[3]) Selbst die Offenbarung hat nach A. die Tiefen des gött-

---

lichen Wesens nur in einem dem menschl. Fassungsvermögen quantum nostra quivit mediocritas sc. capere) angepassten Maasse erschlossen (I, 38). —

[1]) Was alle Nationen bezeugen (II, 54) und der Einzelne erfährt (II, 7). —

[2]) A. folgt hier nicht der Stoa, die ja für physische und moralische Uebel bestimmte Erklärungsgründe aufstellte (cf. Schwegler, a. a. O. p. 230).

[3]) Auch gehört die Erforschung seiner innerweltlichen Bestimmung gar nicht in sein Ressort (non vestrum est neque explicare potestis I, 12).

b. Aber auch das Walten Gottes ist der menschlichen Erkenntniss entrückt: Niemandem ist eröffnet, auf welche Weise d. i. nach welchem Plane er seine Dinge geordnet *(quibus modis ordinaverit res suas* II, 74), nach welchem Prinzipien und Zielen er sein Weltregiment führe; weshalb er insonderheit die auf Erden allgemein herrschenden und sich auswirkenden[1]) Uebel dulde *(esse et conflici patiatur)* und, statt sie einfach aus der Weltordnung zu verbannen (II, 58), beziehentlich gänzlich aufzuheben (II, 55), vielmehr von Generation zu Generation in hartnäckiger Kontinuität Fortschritte machen lasse (ib.).[2])

c. Es sind weiter die eigentlichen Quellen der Entstehung des Uebels, welche, obschon unfraglich Gott dessen Urheber nicht sein kann, in die Tiefen eines nie zu lichtenden Dunkels gehüllt bleiben (II, 58. 61 cf. 56).

d. Es sind endlich die letzten Ursachen und Zwecke alles Seins, welche sich der menschlichen Ergründung entziehen: Der Mensch ist nicht im Stande, die Ursachen zu entwickeln, warum Etwas auf diese oder jene Weise zur Wirklichkeit werde oder geworden (II, 74), was im Bereiche des Geschehens möglich resp. unmöglich (II, 35) oder wann und in welcher Weise es nothwendig sei oder war (II, 74); er ist aber auch nicht im Stande die Zwecke anzugeben, wozu Etwas sei (II, 60), besonders wozu er selbst in der Welt lebe (I, 12. II, 7) und strebe.[3])

2. Ebenso, wie auf metaphysischem, zeigt das natürliche Erkennen auf kosmischem Gebiete die Schranken seines Umfangs; von vornherein eitel und aussichtslos ist jede auf den Ursprung und die Dauer des Weltalls gerichtete Spekulation: Der Mensch muss die Antwort schuldig bleiben auf die Fragen, ob dasselbe weder geschaffen sei, noch untergehe[1]), oder unvergänglich sei, obwohl geschaffen, oder endlich weil geschaffen, nach natürlicher Nothwendigkeit untergehe[2]) (II, 56 cf. 54 II, 38); er vermag ferner nicht die die Bewegung des Weltgebäudes bedingenden Kräfte und die nähere Beschaffenheit des Raums zu erforschen, innerhalb dessen sich diese Bewegung vollzieht (II, 58), er steht überhaupt rathlos vor einer Menge von Körpern und Erscheinungen, ohne sich Wesen und Ursachen derselben auch nur annähernd vermitteln zu können (II, 58. 59. 61. I, 36): Kein Wunder, dass A. in Uebereinstimmung mit seinem Zeitgenossen Lactantius[3]) alle derartigen kosmologischen Reflexionen nicht bloss für fruchtlose, sondern auch für unstatthafte Untersuchungen erklärt.[4])

3. Das nächstliegendste Objekt ist für den Menschen der Mensch selbst. Allein auch in anthropologischer Hinsicht stellt die natürliche Erkenntnis vor einer Welt von ungelösten Problemen; und zwar gilt dies sowohl in Betreff der rein leiblichen, als der leiblich-psychischen, als der rein psychischen Seite des menschlichen Wesens und Daseins:

---
[1]) Diess die von Aristoteles und Plotin vertochtene, von Plutarch und Philo bestrittene, Weltewigkeitsdoktrin cf. Zöckler, a. a. O. I, p. 50).
[2]) Diess die stoische Ansicht (II, 63 cf. Schwegler, a. a. O. p. 264).
[3]) I. steigerte die nur wider mässige naturphilos. Spekulationen gerichtete Tendenz des Sokrates zur Verpönung jeglicher naturwissenschaftlicher Forschung (Inst. div. III, c. 8) —
[4]) II, 60. 61. 68 cf. II, 9. 7).

a. Völlig unnütz und ohnmächtig erweist sich zunächst alles Suchen, Forschen, Wühlen (quaerere, pervestigare, rimari)[1]) nach dem Urheber des Gedankens der menschlichen Schöpfung und Zusammenfügung (I, 36 cf. II, 7), wie nach dem seiner Ausführung (II, 61), alles Ringen nach Antwort auf die Frage, ob der Mensch die Gestalt seines Körpers, insonderheit die Züge seines Gesichts (II, 7. I, 38), der formenden Hand eines Bildners verdanke, oder ob, wie der Epikureismus behauptete,[2]) der Humusboden der Stoff sei, aus welchem der Bau seines Organismus, besonders die feste Konstruktion seines Knochengerüstes (II, 61. I, 38), hervorginge[3]).

Aber auch auf leiblich-psychischem Gebiete muss das natürliche Erkennen von dem Versuche abstehen, etwas Näheres zu enthüllen; über das eigentliche Wesen der Empfindung (I, 38), über die Gründe von Einschlafen und Erwachen, über die Entstehungsweise von Träumen und Gesichten (II, 7)[4]), endlich über den Charakter der wachenden Thätigkeit selbst (ib.)[5]) vermag Niemand Aufschluss zu geben. Und dasselbe gilt

c. rücksichtlich der rein psychischen Seite des menschlichen Wesens und Daseins: Der Mensch besitzt nicht den Schlüssel zu dem Geheimnis seines eigensten,

---
[1]) II, 36.
[2]) Bestritten ward diese materialistische Auffassung von Lactantius (Inst. div. II, c. 9).
[3]) A. nimmt offenbar an, dass das Mittelwesen, welchem er die Hervorbringung der Seele vindicirt, auch das dem von den Eltern erzeugten Fötus gestaltgebende Prinzip ist, daher das nach einer Persönlichkeit fragende quis (hominem) finxerit (II, 38); quis informari (I, 38). —
[4]) Cf. Plato (Theaet. p. 158); Demokrit (Johnson, der Sensualismus des Demokrit p. 18); Epikur (Lange, a. a. O. p. 29). —
[5]) An ipsum vigilare somni sit perpetui portio (cf. Zink a. a. O. p. 5).

5*

tiefsten Wesens*), des Wesens seiner Seele *(quid sit anima* I, 38); weiss Nichts über das Subjekt (I, 38. II, 47. 51. 58) und den Zeitpunkt (II, 63) ihres Ursprungs, wie ihrer Knüpfung an den Körper; vermag nicht bloss über die Möglichkeit (II, 57 cf. II, 35), sondern auch über die nähere Form und den Ort einer eventuellen Fortdauer (I, 38. II, 57; II, 63) schlechthin Nichts aufzustellen.

So kann es uns denn nicht befremden, dass A. auch die anthropologische Forschung, wie Eusebius*), im Gegensatze zu Lactantius*), wenn auch nicht mit der Schärfe eines die anatomischen Studien verurtheilenden Augustin*), in die Kategorie des die Grenzen des natürlichen Erkennens Uebersteigenden verweist (II, 63). —

Mit diesem skizzenhaften Aufriss wäre ein Ueberblick gegeben über die Art, wie A. den Umfang des natürlichen Erkennens mit Bezug auf Metaphysik, Kosmologie und Anthropologie kritisch begrenzt. Wir haben absichtlich darauf verzichtet, alle die einzelnen Beziehungen zu besprechen, in welchen A. Beschränkungen annimmt, weil uns diese Besprechung unstreitig zu weit von dem Centrum unserer Untersuchung entfernt hätte. —

Von unweit spannenderem Interesse, als die den Umfang der menschlichen Erkenntniss betreffenden Schranken*), sind die, welche A. in Bezug auf die Form derselben ziehen zu müssen glaubt.

---

*) Qui sit (I, 18) u. quid sit (II, 7). —
*) Praeparatio evangelica c. 61. —
*) Eingang zu De opif. Dei. —
*) De Civ. Dei XXII, 24. cf. Zöckler a. a. O. p. 88.
*) Sie sind höchst willkürlich gezogen und haben nur insoweit ein Interesse, als sie mit den sonstigen Ansichten des A. zusammenhängen.

§ 12.
Die Form der menschlichen Erkenntniss.

Folgen wir dem bezeichneten Interesse, so treten wir in eine Reihe von Erörterungen ein, in denen wir den Skepticismus des A. niedergelegt sehen, wenn wir uns auch nicht verhehlen, dass derselbe, weil nicht im Interesse des philosophischen Wissens, sondern des christlichen Glaubens operirend (II, 8. 9. 5.), in letzter Linie wieder auf Dogmatismus hinauskommt.

Der arnobianische Skepticismus zeigt eine dreifache Spitze, sofern er die Klarheit, Gewissheit und Allgemeingültigkeit menschlicher Erkenntniss ansicht.

1.

Was zunächst seine Position zur Klarheit der Erkenntniss anlangt, so folgt A. hier nach seinem ausdrücklichen Bekenntniss dem Vorgang der älteren und jüngeren Akademie und legt der Formulirung seiner Anschauung besonders das Muster des Arcesilaus und Karneades zu Grunde (II, 9). Er vollzieht mit diesem Anschluss einen Akt, der sich ebenfalls lediglich aus den Prämissen eines zu konsequentem Sensualismus hinneigenden Empirismus erklärt.

Für klar und deutlich nämlich hält A. nur eine durch die Vermittlung der leiblichen Organe gewonnene, aus sinnlicher Wahrnehmung geschöpfte und auf sie basirte Erkenntniss. Ein entschiedenes „Non liquet" dagegen spricht er über Alles, was sich nicht auf empirischem Wege zugänglich erweist; er steht und fällt der Ueberzeugung, dass, was unter diese Kategorie fällt, selbst wenn es Merkmale, Ursache, Beziehungen betreffen sollte von Dingen und Erscheinungen, die an und für sich betrachtet, die klarste Erkenntniss zulassen

(II, 7), *eo ipso* in Dunkel gehüllt *(caecis obscuritatibus involutum* (II, 51) ist, daher menschliches Begreifen übersteigt *(humanam transilit notionem ib.).* Es ist beachtenswerth, dass sich angesichts dieser Fassung überraschend einfach die Schwierigkeit hebt, welche einerseits zwischen der gelegentlichen Bemerkung, dass wir nicht einmal das vor die Augen d. i. in unsere unmittelbarste Nähe Hingestellte sehen könnten (I, 38), und andrerseits dem arznbianischen Empirismus zu bestehen scheint.

Die Probe für die richtige Präcision des eben bestimmten Standpunktes liefert uns ein zwiefacher Umstand: Gegen Plato, der ohne eine Spur davon gesehen zu haben, ein Herabsteigen der Seelen vom Himmel behauptet, wendet A. nachdrücklich ein, dass diese Behauptung sich nicht auf distinkte Erkenntnissgründe stütze, nicht dastehe im Lichte einer evidenten Wahrheit (II, 51); dem leichtgläubigen Fürwahrhalten der mythenhaften Geschichten des heidnischen Götterlebens stellt er eine Erkenntniss des vom hellem Lichte Beleuchteten gegenüber, eine Erkenntniss, deren das von fanatischen Wahrsagern und Deutern durch geflissentlich ihm eingesenkte Blindheit *(caecitate ingenita)* getäuschte Heidenthum entbehre (I, 24).

Diess die erste Seite seiner skeptischen Position. Sie besteht nach dem Gesagten darin, dass jedes über die Welt der blossen Erscheinungen hinausgehende Eindringen in die Räthsel der Wirklichkeit, in das eigentliche Wesen der Dinge selbst, sieh sofort im Dunkeln und von einem Heere von Schwierigkeiten umgeben findet¹), sofern das ernsteste Wahrheitsstreben an der Macht der, wie ein Damm, sich ihm entgegensetzenden Dunkelheit strandet

¹) Ganz ähnlich Locke (Essay II, 23 § 28) cf. Dreibach, I. der Vorläufer Kants. Ztschr. für exakt. Philos. Bd. 11. 1868. p. 11.

und scheitert (II, 30), die angestrengteste Geistesarbeit, wenn nicht ganz fehlschlägt und resultatlos verläuft, doch mit einem blossen Tasten und Herumtappen in verschwommenem und dämmerhaften Halbdunkel endet, statt zu deutlichen und bestimmten Vorstellungen zu führen, kurz erfahren muss, dass ihr die Grenzen aller Wahrheit flüssig bleiben, weil sie die Wahrheit und Irrthum trennende Scheidelinie nicht zu treffen vermag (II, 6).

Den Urgrund dieser Blindheit der menschlichen Natur, dieser einer bleiernen Decke gleich über die Seele sich lagernden Finsterniss (II, 39 cf. 17. 69. 74. I, 38 δ.), findet A. in der vom Erzeuger der letzteren seidvoll durchgeführten Zusammensetzung des Menschen (II, 7 cf. p. 12. Anmkg. 6). Scheinbar freilich bleibt trotz dieser Blindheit im Prinzipe die Möglichkeit, zuweilen auch auf aussaerempirischem Wege Wahrheit zu finden, unverschlossen und unbenommen¹): Allein thatsächlich setzt A. diese Möglichkeit lediglich in der Theorie, hebt dieselbe aber dadurch wieder vollkommen auf, dass er sie in der Praxis für undurchführbar erklärt (II, 7), wie die unmittelbar folgende Entwicklung zeigen wird.

II.

Eng mit seiner Ansicht von der Unfähigkeit der Seele, ohne Anknüpfung an empirisch Gegebenes zur Klarheit und Deutlichkeit zu gelangen, hängt die Stellung zusammen, welche A. zur Gewissheit der menschlichen Erkenntnis einnimmt. Auch hier tritt es zu Tage, dass sein Skepticismus nur eine prinzipielle Konsequenz seines Empirismus ist.

Er unterscheidet eine subjektive und eine objektive Gewissheit.

1. Mit Rücksicht auf die erstere urtheilt er folgen-

¹) *Cum feri possit, ut veri aliquid aliquando discamus* (II, 7).

dermaassen: Gesetzt auch, wir fänden einmal eine Wahrheit und äusserten sie, so würde uns doch auch in diesem Falle persönlich zweifelhaft bleiben, ob wir wirklich etwas Wahres gefunden und geäussert hätten (II, 7). Beweis dafür ist die Thatsache, dass die Philosophen, welche den Lehrsatz der absoluten Unbegreiflichkeit des Seins aufstellen, selbst nicht entscheidenden Aufschluss darüber zu geben vermögen, ob dieser Lehrsatz ein Wahrheitssatz d. i. ob er richtig und der Wirklichkeit des Sachverhalts entsprechend ist (II, 10): Es leuchtet ein: A. stellt die Möglichkeit, dass eine nicht von Erfahrung ausgehende Erkenntniss je subjektive Gewissheit erzeugen könne, rund in Abrede.

2. Einigermaassen, aber keineswegs grundsätzlich anders steht der Prozess seiner Ansicht nach betreffs der objektiven Gewissheit.

A. Ausdrücklich und besonders nämlich, als über allem Zweifel erhaben, unwiderleglich und unantastbar feststehend, hebt er hier die beiden die Welt der religiössittlichen Lebensanschauungen einschliessenden Pole, die Idee Gottes und die Idee des Uebels, hervor: Die Idee Gottes, weil mit der Geburt eingepflanzt, also *a priori*, die Idee des Uebels, weil aus der Erfahrung abgeleitet, also *a posteriori* gewiss.

a. Was zunächst die Gottesidee anlangt, so trägt sie nicht bloss ihre eigne, sondern auch die Gewissheit und Wahrheit alles dessen in sich, was in ihr enthalten ist. Näher aber ist in und mit ihr eine vierfache Gewissheit gegeben:

α. Die uns immanente Gottesidee verbürgt uns unmittelbar die Gewissheit seiner Existenz (I, 51)[1]); wir müssen ihn als existirend denken, weil ihn zu denken

---
[1]) Aehnlich Anselm im Proslogium cf. Uebers. a. a. O. II, 138. —

die mit unserer ursprünglichen Anlage uns überkommene Bestimmung ist. Jedes Wagniss daher, die unzweifelhafte Existenz Gottes bezweifeln oder über sie streiten zu wollen, ist entweder ein Zeichen rasenden Wahnsinns *(furiosae insaniae* I, 31 cf. II, 60) oder an Wahnsinn streifender Verzweiflung (II, 60): Nur ein Thor kann dahin gerathen[1]) (I, 32: *amentia*).

β. Wie die Existenz Gottes, so zählt auch seine absolute Vollkommenheit zu dem Allerwahrsten und Allergewissesten: Sie beruht darauf, dass von ihm nur Vollkommenes stammen kann (II, 48. 46).

γ. Dieselbe unfragliche Gewissheit trägt die absolute Güte Gottes d. i. die Thatsache, dass von ihm nichts Schädliches und Verderbliches, sondern nur Heilsames und Angenehmes ausgehen kann, dessen Mangel Jeder für todbringend erachtet, in dessen Besitz aber seine Wünsche schweigen, weil sie erfüllt sind (II, 55).

δ. Mit der Gottesidee steht endlich auch die absolute Transcendenz Gottes d. i. die Thatsache unumstösslich fest, dass über ihn in sterblicher Sprache Nichts (natürlich mit Ausnahme der Transcendenz selbst, wie der Existenz, Vollkommenheit und Güte) bestimmt ausgesagt werden kann (II, 19), weil Alles, was man von ihm denkt und daher über ihn äussert, nicht den Charakter einer adäquaten Bezeichnung trägt *(notam propriae significationis)* und damit in menschliche Auffassung übersprungen und entstellt wird (ib.); misst doch der Mensch das Göttliche nicht nach seinem Ansich, sondern nach menschlichen

---
[1]) Dasselbe strenge Urtheil bei Plato (Legg. X, 907D ff.) u. Anselm a. a. O. s. 4 (cf. Uebers. II, 184): Uebrigens hält A. die Existenz Gottes für so sicher verbürgt, dass ihn der Versuch, sie noch vertheidigen (mit Bovelers stützen und erhärten) zu wollen, ebenso sträfflich erscheint, wie die schlechthinige Leugnung eines Atheisten (I, 32).

Maassstäben und anthropomorphistischen Gesichtspunkten (II, 57); sind doch seine Schlüsse, wie er selbst, endlich und begrenzt, also strenggefasst über das Maass des Gegebenen, über den Kreis der Erfahrung hinaus, nicht berechtigt, Geltung für ihren Inhalt in Anspruch zu nehmen, und daher in ihrer Anwendung auf Gott unzutreffend (III, 19), ja völlig bedeutungslos (II, 35).[1]). Es ist aus diesen Gründen eine Unmöglichkeit, glaubhaft behaupten zu wollen, dass Gott entweder durch körperliche Lineamente beschränkt (II, 66)[2]) oder durch menschliche Vorzüge *(humanis bonis)* gross[3]) sei, und etwa die Majestät seines Namens auf Sündlosigkeit zurückgehe (III, 19): Er ist mit einem Worte für die menschliche Erkenntniss unbestimmbar d. i. transcendent.

b. Den Gegenpol der Gottesidee bildet die Idee des Uebels. Die Thatsache des in der Welt vorhandenen Uebels drängt sich nach der Ansicht des A. mit solcher Unwiderstehlichkeit auf, dass sich die Secten eben kraft dieses Wissens um das (physische und moralische) Uebel als nicht natürlich gut erweisen (II, 50).

Wir rekapituliren: A. fasst einerseits die Existenz, Vollkommenheit, Güte, Transcendenz Gottes, andrerseits das Vorhandensein des Uebels, als, wenn auch Alles bezweifelt würde, nicht in Frage zu stellende Thatsachen. —

B. Durch diese Koncession scheint sein Skepticismus eine prinzipielle Abschwächung zu erfahren. Allein dies ist durchaus nicht der Fall. Denn sehen wir ab von seinem Urtheile betreffs jener fünffachen Thatsache, so leitet ihn durchgängig der für die Zuverlässigkeit aller nichtempirischen Erkenntniss letale, übrigens von der

[1]) Nullius mominis: Sapientia hominis stultitia apud Deum primum (II, 6). —
[2]) So die Stoa (cf. Schwegler, a. a. O. p. 284) u. Tertullian (Ueberw. II, 50). —
[3]) Z. B. durch Muth, Standhaftigkeit, Gerechtigkeit u. s. w.

Stoa (im Widerspruche mit dem Empirismus ihres Systems) betrittene[1]), von Lactantius[2]) dagegen getheilte Satz, dass objektive, unfragliche Gewissheit nur den Vorstellungen eignet, die an der Hand der Erfahrung entstanden sind: Als nähere Kriterien dieser Gewissheit stellt er aber folgende auf: Man müsse das, was den Inhalt der betreffenden Erkenntniss bilde, entweder persönlich gesehen und als Augenzeuge höchsteigner Besichtigung unterzogen (II, 9. VII, 46); oder das, worauf sie sich beziehe, mit den Händen betastet und in den Händen gehalten haben (II, 51. 9); oder es müsse endlich das, worin sie beruhe, ein geschichtlich vorliegendes und durch die beweisende Kraft einer einstimmigen Tradition verbürgtes und gewährleistetes Faktum (VII, 46 opp. I, 31 *rumor cassus*) sein.

Alles, was diese Kriterien nicht an sich trägt, subsumirt er unter dem Begriff der Muthmassung. Von der letzteren, die in seiner Erkenntnisstheorie eine nicht unwesentliche Rolle spielt, giebt uns A. eine überaus sorgfältige und scharfe Zeichnung: Er bestimmt ihren eigentlichen Charakter, ihren wissenschaftlichen Werth und ihre praktische Tragweite.

a. Für Muthmassung hat A. die Substantiva *suspicio*, *opinatio* (II, 51), *opinio* (II, 56. 57), die Verba *suspicari*, *conjicere* (II. 51), *opinari* (II, 56). Er erklärt sie sachlich als einen, von einem überhaupt nicht festgegeben (weil nicht empirisch, sondern nur in der subjektiven Einbildung vorhandenen) Standpunkte aus in eine verborgene Welt gerichteten Geisteswurf *(nihil ex positu jaculatio mentis in latentia* II, 51). Er legt ihr den Charakter einer nicht auf dem

[1]) Cf. Zeller, a. a. O. III, 1. 77. 76.
[2]) Eingangs der Schrift De opif. Dei.

zuverlässigen Grunde erprobten Wahrheit *(veritas explorata* II, 29) ruhenden, sondern auf leeres Gerücht hin *(rumoris cassi opinatio)* I, 41) gemachten, daher auch nicht die Gewähr objektiver Gewissheit in sich tragenden *(incerta rerum opinatio* II, 51), Annahme, kurz dem einer rein in der Luft schwebenden Konstruktion bei.

Unter die Klasse der Muthmaassungen rechnet A. aus diesem Grunde vor Allem jede nähere Aufstellung über Gott, besonders über die Natur seines Geistes, und schöpft das Recht dazu eben aus dem Umstande, dass der Mensch, selbst unter der Voraussetzung absoluter Stille, Sammlung und Koncentration seiner Innenwelt (I, 31), doch nur den Hauch einer kontemplativen Anschauung vom Wesen desselben sich zu bilden vermöge (II, 60), nur einen Funken von Vorständniss Gottes *(intellectus)* empfange (II, 19. I, 31 cf. II, 55).

b. Es liegt im Wesen der Muthmaassung, wie es eben bestimmt wurde, dass, wer sich ihrer bedient, Mittel und Wege einschlägt, um ihr den Schein objektiv gewisser und glaubwürdiger Erkenntniss zu verschaffen: Entweder erhebt er den bestimmten Anspruch, dass das, was nur möglicherweise sein könnte, weil er es annimmt, es *ipso* auch schlechthin nothwendig sein müsse (II, 57), und sucht durch einfachen Machtspruch blossen Muthmaassungen den Kredit ausgemachter und wirklich begriffener Thatsachen zu erzwingen (II, 7); oder er giebt sich sorglos und unbedenklich der Zuversicht hin, dass es sich objektiv so verhalte, bezichentlich verhalten könne, wie er versichert *(credulitate duce adseverat* II, 10) und überträgt auf die Theorie den in der Praxis allgemein herrschenden Grundsatz, unter normalen (Gesundheit, Berufsverwaltung), wie abnormen (Krankheit) Verhältnissen, in alltäglichen, wie in ausserordentlichen (Schliessung der Ehe) Lagen, auf heiligem (Kultus), wie auf profanem Gebiete keine Entscheidung zu treffen, kein Geschäft und Unternehmen zu beginnen ohne Vorgang einer gewissen Glaubenszuversicht d. i. ohne Hoffnung auf Erfolg (II, 8); oder er greift zu allerhand Apparat und Schmuck, sei es logischem *(collectiones, enthymemata, definitiones)*, sei es rhetorischem (I, 58); oder er stellt sich endlich, wie sich der Leidende zur Hebung der Krisis, in die er gerathen, den Händen eines renommirten Arztes anvertraut, mit der Hoffnung auf Linderung seiner Schmerzen (II, 8), unter die Aegide hervorragender Gewährsmänner und glaubt durch Berufung auf die Ergebnisse ihrer Forschung[1], durch Anschluss an Auktoritäten, seinen vermeintlichen Ueberzeugungen *(quod sibi persuaserit)* d. i. seinem vagen Einbildungen *(vana opinio* I, 38) solide und dauerhafte Fundamente unterbreiten zu können.[2]

Allein keiner von diesen vier Wegen führt zum Ziele: im ersten Falle beruht das Verfahren auf rein subjektiver Willkür (II, 57); im zweiten auf unwissenschaftlicher Leichtgläubigkeit (credulitas) und Naivetät (II, 10); im dritten auf Verkennung der Thatsache, dass, was wirklich ausgemacht und gewiss *(exploratum et certum)*, weitläufiger Einkleidungen und Redeumschweife nicht nur nicht bedarf, sondern dieselben sogar mit innerer Nothwendigkeit ausschliesst (I, 58); im vierten auf Nichtbeachtung des Umstandes, dass die Aufstellungen der als Stützpunkte für die eignen Muthmaassungen benutzten Gewährsmänner selbst Nichts als Muthmaassungen sind, insofern Keiner von ihnen die Entstehung seiner Lehrobjekte persönlich beobachtet, sich seine Erkenntniss autoptisch vermittelt hat (II, 10).

Erscheint somit jeder Versuch, der Muthmaassung einen

---

[1] Quicumque est, hujo vel illi credit auctoribus (II, 9). —
[2] Fidei quadam astipulatione tuetur (ib.). —

festen Unterbau zu geben, nach A. im Prinzipe als verunglückt, so erhellt daraus zugleich, dass sich dieselbe seiner Ansicht gemäss auch nicht mit der zwischen γνῶσις und ἄγνοια in der Mitte stehenden platonischen Doxa[1]) deckt.

Ebenso wenig hält er sie, wie Heraklit, für eine „heilige Krankheit", sodass dem, der sich auf ihre schlüpfrigen Gleise wagte, wenigstens der Ruhm einer gewissen Korrespondenz mit der Welt des Göttlichen verbliebe:

Er erklärt sie vielmehr für einfache Unwissenheit (*ignoratio* II, 51) und spricht dem Muthmassenden jeden essentiellen Erkenntnissbesitz ab (das *scire u. tenere* (ib.), sofern derselbe Dinge behaupte, versichere, ja vielleicht unter ausserordentlicher Kraftanstrengung vertheidige, ohne überhaupt eine Spur, eine blasse Ahnung, von ihnen zu haben (II, 7) und zu diesem kühnen Manöver selbst dann greife, wenn es sich um fernabliegende Erkenntnissgebiete, unlösbare Probleme, offenbare Geheimnisse handele (II, 56. 7),

c. Wenn hiernach ihre Bedeutung für das wissenschaftliche Verfahren gleich Null ist, so ist die Muthmassung doch, praktisch angesehen, eine Macht im Reiche der Geister: Tausende, die ihrem Zuge folgend, sich ihrer bedienen, stürzt sie in ein uferloses Meer von Irrthümern (II, 39. 60. 73 ö.).

Ziehen wir das Resumé aus allen diesen Erörterungen über den Begriff und die Bedeutung der Muthmassung, so dürfen wir es dahin präcisiren: Alle nicht an Empirie angelehnte Erkenntniss bringt es zu keinen wohlgesicherten, garantiebietenden Resultaten, zu keiner objektiven Gewissheit.

---
[1]) Cf. Peipers, a. a. O. p. 184. —

III.

Allein gesetzt auch den Fall, dies wäre möglich, so brächte sie es doch zu keiner allgemeinen Gültigkeit. Und hiermit tritt das Schauspiel des skeptischen Räsonnements der arnobianischen Erkenntnisslehre in seinen letzten Akt ein. Die Spitze dieses Räsonnements richtet sich hier nicht bloss gegen die eines empirischen Ausgangspunktes entbehrende, sondern auch gegen die durch Erfahrung gewonnene Erkenntniss:

Auch das, was an sich wirklich deutlich und klar erkannt und, weil durch die beweisende Kraft einer einstimmigen Tradition gewährleistet, objektiv gewiss, mithin des bestätigenden Beifalls Aller sowohl fähig als würdig ist, unterliegt doch der Gefahr der Destruktion durch absichtlichen Widerspruch (II, 57). Giebt es doch nichts Reines, Durchsichtiges und, weil das Siegel der Wahrheit tragend, Festverbürgtes, was der Menschengeist nicht zu entkräften, zu erschüttern, zu zersetzen wagte; und umgekehrt nichts Falsches, keine noch so evident trügerische Fiktion, die er nicht unter geschickter Taktik mit Wahrscheinlichkeitsbeweisen zu stützen und plausibel zu machen verstände (II, 56). Wendet man trotzdem ein, dass die Systeme der grossen Meister doch allgemein und unumstösslich anerkannt seien, so straft die Geschichte der Philosophie diesen Einwurf Lügen: Sie tragen selbst keine einheitliche Lehre vor (*nil scientes nec pronuntiant unum* II, 10 cf. Zink p. 33), sondern bekriegen und befehden sich wechselweise mit hartnäckiger Zähigkeit, indem der Eine den Andern im Scharfsinn zu überbieten (II, 56) und so die Lehrsätze desselben entweder gewaltsam zu erschüttern oder radikal zu vernichten und niederzureissen sucht zu Gunsten der eignen (II, 10); und obwohl alle die verschiedenen Behauptungen unmöglich gleichen Antheil haben können an der Wahrheit, so wetteifern sie doch Alle, die mächtigsten und schwerwiegendsten Beweise für die von ihnen aufgestellten ins Feld zu führen. Allein dieser verwirrende Streit, diese Parteizerklüftung, dieses chaotische Durcheinander der Systeme liefert das schlagendste Zeugniss dafür, dass, sofern sich jeder Behauptung eine sie kreuzende und doch ebenso gültige, jedem Grunde ein gleichstarker und gleichberechtigter Gegengrund gegenüberstellen lasse, Alles gleich wahr und gleich falsch sei d. i. für die Thatsache der Unmöglichkeit einer bis zur Widerspruchslosigkeit festzustellenden Erkenntniss (II, 57)[1].

Und so schliesst denn die arnobianische Erkenntnisslehre, nachdem sie ausgeführt, wie alle nicht durch Erfahrung erzeugte Erkenntniss zur Unklarheit und Ungewissheit verurtheilt bleibe, aber auch die empirisch vermittelte nie zur Unbestreitbarkeit und Unwiderleglichkeit hindurch zudringen vermöge, mit dem tragischen Endergebniss aller skeptischen Untersuchungen, mit der Empfehlung freiwilliger Verzichtleistung auf jedes positive Urtheil, mit dem Rathe absoluter Zurückziehung des Subjekts auf sich selbst, ab (II, 57). —

Wir stehen am Ziele. Wir haben die Psychologie und Erkenntnisslehre des A. in ihren Grundlinien zu zeichnen versucht: A. ist für die Philosophie in keiner Hinsicht bahnbrechend oder reformatorisch; er will es auch nicht sein: Der nächste und hauptsächlichste Zweck seines Werkes war der der Bekämpfung des heidnischen Polytheismus und der Niederlegung eines Unterpfandes für den Ernst und die Aufrichtigkeit seiner Bekehrung zum Christenthum. Allein, wenn auch seine philosophische Spekulation, weit entfernt, grundlegend und epochebezeichnend zu sein, arm ist an Proben selbständiger

---

[1] Genau so der antike Skepticismus (S. Empirieus cf. Zell. a. a. O III, 2, 44).

Reflexion und keine Anfänge enthält zu weitreichenden Entwicklungen, so hat sie doch in anderer Beziehung eine hochwichtige Bedeutung: Diese Bedeutung liegt in ihrer Anknüpfung an das Gegebene. Ihr ganzer Bau trägt den Typus des Eklektismus und Synkretismus, ist ein Aufbau auf die gewaltige Geistesarbeit des hellenischen Alterthums; ihr Kolorit bestimmt sich mit mehr oder weniger klaren Nüancen nach den Grundfarben antiker Gedankensysteme. Und wenn es wahr ist, dass ein Lehrgebäude in dem Maasse Achtung einflösst, als es Vertrautheit mit den Grundmomenten der ihm vorangegangenen verräth, so können wir schon aus diesem Grunde nicht umhin, unserem Autor Anerkennung zu zollen. Allein wir befürchten auch keinen Augenblick, ihm zu viel Ehre anzuthun, wenn wir behaupten, dass er seine Vorgänger nicht bloss genau gekannt, sondern auch ihre Prinzipien in lebensfrischer Paraphrase entfaltet, begründet, ergänzt, unter Anwendung rhetorischen Apparats popularisirt, dadurch aber dem Verständniss der alten Philosophie in die Hände gearbeitet und so das Repertoir der Philosophie überhaupt nicht unwesentlich bereichert hat. Diess im Allgemeinen der Dienst, den er der Wissenschaft geleistet, der reelle Gewinn, den er seiner Zeit gebracht hat.

Im Einzelnen aber hat er, mögen auch hin und da seine Ansichten seltsam nach Inhalt und Form sein, doch eine vierfache Bedeutung:

Er hat die Fragen nach Ursprung, Wesen und Fortdauer der Seele äusserst gründlich behandelt; er hat durch seinen Empirismus der ungesunden Ueberspannung des idealistischen Prinzips, wie sie besonders im Platonismus sich geltend macht, kräftig gesteuert; durch seinen Kriticismus den alten Wissensdünkel von Grund aus abschneidenden Kanon urgirt, dass der Mensch „ewig an Problemen taste"; durch seinen Skepticismus endlich mit Konsequenz den Satz verfochten, dass kein Erkennen allgemeine Gültigkeit, nur das auf empirischer Basis operirende Klarheit und subjektive, wie objektive, Gewissheit zu erzielen vermöge, während alles nicht von der Erfahrung ausgehende Erkennen über ein beständiges Schweben und Schwanken zwischen Gewissheit und Ungewissheit, Wahrheit und Irrthum, nie hinauskomme.

Vita.

Geboren am 8. Juni 1852 zu Schneeberg, besuchte ich von 1861 bis 1871 Bürgerschule und Gymnasium zu Zwickau, bezog nach einer aus Gesundheitsrücksichten eingeschobenen Semestralpause Michaeli 1871 die Universität, studirte mit grossen Unterbrechungen in Leipzig, Erlangen und Rostock, hospitirte verschiedenfach in Halle, vorübergehend in Berlin und Tübingen, bestand Michaeli 1875 die erste theologische Prüfung in Leipzig, war bis Oktober 1876 Erzieher in einem adeligen Hause an der schlesischen Grenze, wirkte während des Wintersemesters 1876 bis 1877 als Lehrer am Krause'schen Institut in Dresden und trat im Frühjahr 1877 als Mitglied ein in das Prediger-Collegium zu St. Pauli.

Druck von Bruckner & Niemann in Leipzig.